体験的活動の理論と展開

――「生きる力」を育む教育実践のために

序にかえて

M先生、その後お元気ですか。初任者研修という、初めての厳しい修業期を無事終えられ、これからひとりの教師として自立されることを心からお慶びいたします。あなたは、生来の子ども好きに加えて、大学での専門教科や教職科学の幅広い研鑽の基礎のうえに、すばらしい指導者に恵まれて、教育的資質にさらに磨きをかけられたことと思います。さあ、これから一人前の先生ですね。

あなたもご存じのように、第一五期中央教育審議会の第一次答申は、これからの社会は変化の激しい、先行き不透明な、厳しい時代であり、そのような社会では、子どもたちに「生きる力」を育むことが大切であると提言しています。この「生きる力」を育むことは、生涯学習時代において大変重要なことであり、そのためには、これからの学校教育は知識を教え込む教育から、自ら学び、自ら考える教育へと転換しなければならないと要請しています。「生きる力」とは、一つには「自分で課題を見つけ、自ら学び、自ら考え、主体的に判断し、行動し、よりよく問題を解決する資質や能力」と定義されており、また「自らを律しつつ、他人とともに協調し、他人を思いやる心や感動する心などの豊かな人間性」とも説明されています。そうしますと、この「生きる力」を育むためには、知識を教えることに専念する「座学型」の学習ではきわめて困難なことといわざるをえません。

平成一四年度から、いよいよこの生きる力を育むための主要な教育活動である「総合的な学習の時間」が本格的に実施に移されますね。それぞれの学校では、すでにこの時間の試行的実践がなされているようですが、多くの先生方には戸惑いもあるようです。生活科にその基本モデルがあるとはいえ、先生方の戸惑いはおそらく「体験型」の学習をどう組織し構成するかにあるのではないかと思うのです。

研修のおりすでに指導を受けられたことと思いますが、先の教育課程の改訂に際しても、これからの教育課題は、「自ら学ぶ意欲と社会の変化に主体的に対応できる能力を育成する」ことにあるということが打ち出されました。そしてこれは、「新しい学力観」として定式化されましたね。主体的に対応できる能力には、思考力・判断力・表現力などの能力が考えられていますが、これらの能力は子どもたちが自ら考え、判断し、表現することに重点をおいた学習活動において育成されるものです。なぜ「体験的な学習」や「問題解決的な学習」が強調されるようになったか、おわかりになるでしょう。ここでは、子どもたちが自らの興味・関心を生かして、学習課題に自発的に立ち向かっていくような、主体的な学習の構えへの転換が意図されているのです。教師自身も、そのような学習指導の体制へと、自らの指導の構えを変えていかなければなりませんでしたね。むかしの、教師が教科書に書かれていることがらを絶対の「真理」であるかのように、子どもたちに伝授していた授業方式では、今日期待されているような子どもを育てることはできません。

「生きる力」の育成は、この「新しい学力観」の連続として受けとめています。そこで、この三月に定年で母校を去るのを機に、平成元年に附属小学校長を併任して以来、一部を除き「新しい学力観」にシフトして書いてきた論稿をまとめてみました。教師として独り立ちするあなたへ。あなたの教師としての自立の門出に、この著書を贈りたい。この著書があなたの授業づくりに役立つことができればと願っています。お役にたてていただければ幸いです。

二〇〇一年一月

林　忠　幸

目次

体験的活動の理論と展開——「生きる力」を育む教育実践のために

第三部　道徳教育の展望……83

第一部　体験的活動の理論的背景

第一章　体験的世界の教育学的構造

はじめに

「座学型学習」から「体験型学習」へ――これが、今回の教育課程審議会で検討され答申された、これからの学校教育のひとつのあり方のようである。中央教育審議会答申「新しい時代を拓く心を育てるために」においても、「体験活動への積極的参加」が提言されている。体験重視の傾向は、すでに平成元年の学習指導要領にもあり、「豊かな体験を通して児童の内面に根ざした道徳性の育成が図られるよう配慮しなければならない」こと、また「体験的な活動を重視するとともに、児童の興味や関心を生かし、自主的、自発的な学習が促されるよう工夫すること」(小学校　学習指導要領第一章　総則)が強調されている。知識偏重の頭だけの学習ではなく、感覚や意志など情意を総動員した、体全体を使った学習を展開していこうという提言である。すでに、各学校で取り組まれ、実践の成果も報告されている。

ところで、「体験」とか「体験的活動」とはどういうことであろうか。それは、今日一般に理解されているような、教育方法上の原理にすぎないのだろうか。それとも、何か哲学的な深い意味を蔵しているのであろうか。本論では、「体験」のもつ人間形成的意味を探ってみたい。

まず最初に全体のあらすじを述べ、次にそれぞれの問題に移っていきたいと思う。第一の「体験重視の動向」は、本論の導入として簡単に触れていきたい。第二の「人間存在の層的構造と体験的世界」は、本論の主題である「体験的世界の構造」について述べるうえでどうしても触れておかなければならない問題である。第三に、経験概念と体験概念の異同について検討する。「経験」と「体験」という二つの言葉はよく使われるのであるが、その異同がいまひとつはっきりしない。同じような意味に使っている人もいるし、あるいは厳密に区別している人もいる。そこで、わたしなりに整理をしてみようと思う。この概念整理によって体験概念を明確にし、体験概念の妥当範囲を明らかにしていく、という作業をする。そして最後に、体験的世界の構造の問題に移るが、このように体験概念を限定して使う場合に、体験的学習とか体験的活動とかいう事柄がこれまでとは違った様相をもったものとして取り上げられる。実に深い哲学的意味をおびてくる。

体験学習とか体験的活動とかいうことについては、これまでいろいろな教育雑誌に書かれている。そこでここでは、教育課程審議会の答申、あるいは学習指導要領に対応する形で、さまざまな雑誌に書かれている内容とは少し違った角度からこの様相を探ってみたいと考える。ただここで明らかにしようとしていることが、たとえば実際の学習指導場面でそれを具体化した場合にどうなるのか、そこまでは考えが進んでいない。この問題については、さらに検討を加えていきたいと考えている。

一節　体験重視の動向

ある年の暮れ、大学近くの焼鳥屋で、研究室の学生たちとコンパをしたときの経験について触れてみよう。寒かったので鍋料理を注文した。早速、鍋のなかに鶏肉や魚や野菜や豆腐などの材料を一緒に入れてしまって蓋をし、煮込み始めた。そうすると、この家の女主人がでてきて、きつくたしなめた。そんな料理の仕方はない。材料を入れるには、ちゃんと順序がある。煮えにくいものから順序よく入れていきなさい、と。いまの若者は料理の仕方も知らないと指導を受けて、われわれは大変恥ずかしい思いをした。そしてそのとき、ある意味では非常にショッキングな話しを聞いたのである。

そこでアルバイトをしているある女子学生の話である。米を研いでおくように頼んだところ、その学生は米を研ぐのに洗剤を入れて洗ったということである。洗剤といっても、洗濯物の洗剤ではなく食器洗いの洗剤であろうと思うが、洗剤を入れて洗ったということである。これは特異な事例かも知れないが、聞いてびっくりした。われわれにとって極めて常識的なことがわかっていない。これはやはり、日常の生活体験というものの欠如のひとつの現れというふうに考えてよいだろう。それは、「欠損体験」といってよいかと思うが、そういう体験から色々な知恵をえてくる、体験知というか生活知というか、そういう知を獲得してくる、その最も基本のところが欠如している典型的な事例ではないかと思う。このことが、今日体験的な活動、あるいは体験学習を重要視するようになった一因ではないかと考える。そういう面からのアプローチはもうすでにたくさんの文献に書かれているので、ここでは省略する。

もう一つの面は、思想史的アプローチである。ヨーロッパの思想史において、体験という概念が非常に重視された時代がある。それは、ドイツに限定して考えると、一八世紀末から一九世紀にかけてのロマン主義の時代である。それから、ややくだって一九世紀末から二〇世紀にかけて展開したディルタイの生の哲学である。体験はその生の哲学の非常に重要な概念であった。また周知のように、二〇世紀初期には新教育運動が展開した。ドイツでは、それは「改革教育運動」とよばれているが、とりわけその先鞭をつけた青年運動は、各地を旅行してまわり、さまざまな体験を積んできた。いわゆるワンダーフォーゲル運動である。青年たちは、枯渇した大人の文化に対して生き生きとした青年文化を確立しようとした。そこには、自らの体験に根ざしたみずみずしい文化を築こうとした青年たちの意気込みが感じとられる。

わたしは、ここに体験重視の重要な側面をみるわけである。ロマン主義のまえには、啓蒙主義が一八世紀のヨーロッパに展開していた。この啓蒙主義の運動は、絶対主義体制のなかで悲惨な状況におかれていた民衆を教化・啓発して、民衆を自らの力によってそういう抑圧された無知の状態から解放させていく運動である。啓蒙というのは、啓は「ひらく」、蒙は「暗闇」であるから、光をかざして暗闇を明るくする、という意味である。光にあたるものは何かといえば、それは「理性」である。啓蒙主義は、人間の理性に全幅の信頼をよせて、合理主義に立ち、因襲・迷信の打破、人間の解放をめざした。合理主義は物事を合理的に考えていく。ところが、理性とか悟性とかを重視するために、情意の面が軽視されていく。ロマン主義というのは、理性と合理主義に対する情意の反発である、反抗である、抵抗である、というふうに受けとることができるのではないか。このことを、今日のわたしたちの危機的な状況と重ね合わせてみると、ごく大ざっぱにいって、同じような構図をみてとることができるのである。

たとえば、悟性の働きと知の重視、つまり主知主義が支配している。本来的な意味での知育なら問題はないのであるが、どうも断片的な知識への偏重をきたしている状況が今日の教育の姿ではないだろうか。そういう状況に対する情意の抵抗運動と位置づけるならば、情意の復権ということになり、人間の全体からみても、きわめて注目すべき事態であると考えられる。人間は何も知性の面だけで対象に働きかけているのではなく、感情も意志もともに作用している。そういう全体としての人間が、今日の教育において見失われているのではないか、と懸念されている。

そこで、今日体験というものが重視されている事態を以上のように受けとめてくると、教育の本質とは何か、人間にとって教育とは本来何なのか、どうあるべきなのか、そのようなことを研究しつづけているわたしたち教育哲学者にとって、特別の関心事とならざるをえない。人間を部分的な側面ではなく全体としてとらえる、そういうとらえ方をした際に、たとえばわたしたちを取りまいている世界とのかかわり、そういうかかわりは一体どういうふうになっているのか、そういうかかわりにおいて教育というものはどういう意味をもち、どういう役割を果たしているのか、また果たしていくべきなのか、ということが問題になってくる。

二節　人間存在の層的構造と体験的世界

このように考えた場合に、一人の人間を全体としてみ、その全体としての人間と周囲の世界とのかかわりの様相を、人間存在の基本構造に照らしてみていくと、つまり人間であること、人間存在を層的に、重層性をもったものとしてとらえいくと、いくらかわかり易くなる（下図参照）。

ここで「層的に」とは、次のような考え方である。たとえば、わたしたち人間は動物と神との中間的存在者であるという考え方がある。この考え方は人間を、動物と共有している側面、つまり動物性と、神に近い存在者としての側面、神性との二層性においてとらえている。「層的に」とは、このことを意味する。この図の自然的層とは、身体の層といってよいかと思うが、わたしたち人間が物体、物質と

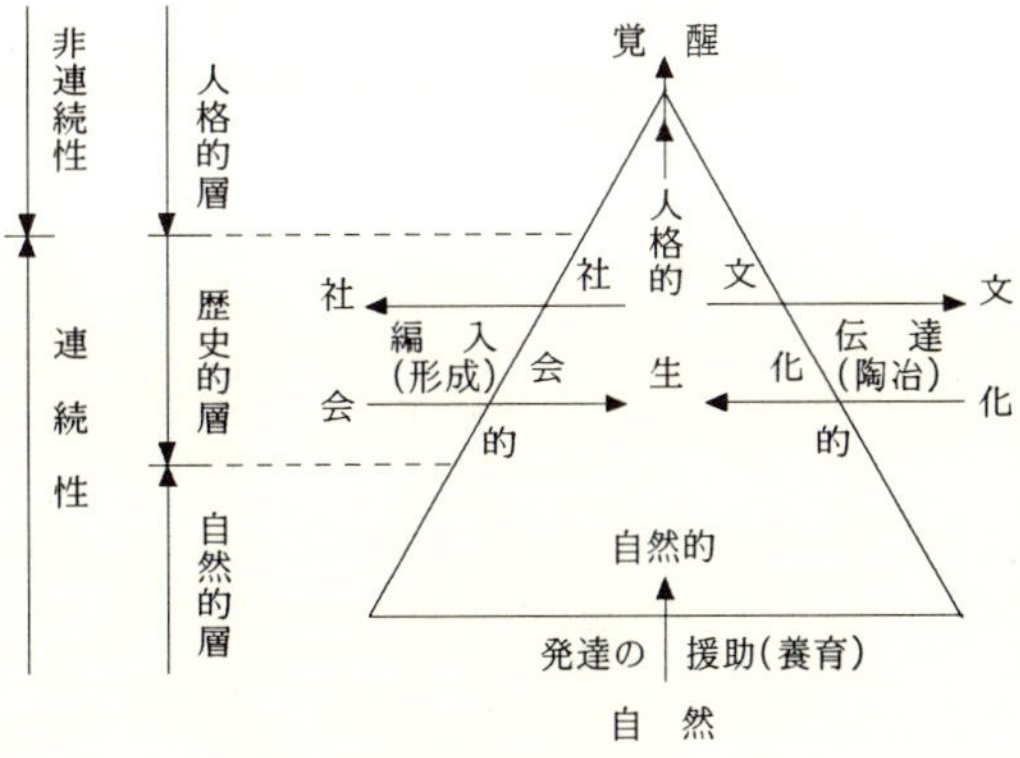

図　人間存在の階層性

上の図は森昭氏の図式に少しばかり手を加えたものである。
（参照：森昭『教育の実践性と内面性』黎明書房、1978年、31頁）

してとらえられる側面でもある。医学、特に外科学などは身体をひとつの物体としてみて、治療行為を行っている。それから、歴史的層は、わたしたちが文化や社会とかかわっている側面である。最上部は、自我ともいわれているけれども、わたしは「人格」の層とよんでいる。このように、人間存在は「自然的」「文化的・社会的」「人格的」の三つの層から成り立っているというように考えることができる。このようにみてくると、わたしたちと世界とのかかわりは、自然、文化、社会とのかかわりといい換えることができる。

自然とかかわっている側面がわたしたちには確かにある。この面だけをみると、わたしたちは身体的存在として自然的生において生きている、ということができる。自然とのかかわりなどといえば、すぐ理科の学習を連想しがちであるが、もっとも理科の学習において自然にかかわることも含めていいのであるが、ここではもっと基本的にわたしたちが自然界に生き、生存しているという事実に注目した側面である。わたしは、理科の学習というのはある一面もう文化化されているレベルの問題であり、見方であるととらえている。それから、歴史的層と書いているのは、これは文化や社会とかかわっている側面で、動物にはない固有に人間的側面ともいえる層である。この層に着目すれば、人間の生は文化的・社会的生とよんでよいかと思う。

このように、人間の生を自然的、社会的、文化的という側面ないしは領域に分けていった場合に、分化した人間の生にはそれぞれに対応する環境世界がある。そして、これらの環境世界との相互交渉によって、わたしたちはそれぞれの側面の人間的生を豊かに成長させることができるのである。これを体験という事柄と関係づけていけば、ここに自然的体験、社会的体験、文化的体験というものが成り立つ。対象的世界とのかかわりにおいて、その体験を通して、わたしたちは身体的、社会的、文化的内実を豊かにしていくことができる。物質的であれ精神的であれ、わたしたちは自分の持物が豊かになった、という喜びの体験をもつことができる。量的なだけでなく、質的にも豊かになった、そういう喜びの体験を、いまの三つの側面ではもつことができるのである。

自己と環境世界とのかかわり、これは少し難しい言葉でいえば、「環境世界に開かれた存在」としての人間の側面である。動物は環境に拘束されている、その拘束のもとに順応しながら生きていかざるをえないのであるが、わたしたち人間は自分がかかわる体験世界を対象化することができる。対象化することによって、たとえば自然や社会に働きかけてそれを変えることができる。住みよいわたしたち人間の生活空間を作りだすことができるのである。

これまで述べて来たことを、教育の問題にひきつけて説明してみたいと思う。わたしたちが子どもにかかわり、働きかけ、育て上げていくというとき、最も一般的なものは、「社会への編入」(社会化)と「文化財の伝達」(文化化)である。文化の受容(習得)により精神を豊かに形成する、そしてその精神はやがて文化を創造していく。文化の伝達と創造との間には、働きかけられ働き返すという相互作用の関係が成り立っている。また、社会への編入、あるいは社会への適応といえば、社会を前提にしてその規範構造に無条件に順応させるというニュアンスが表面にでてき易いのであるが、必ずしもそうではなく、自ら環境を改変しながら自分に合うような形に整えていく、整えていくことによって適応していく。そして自分にとって理想的な環境を作りだしていく。普通、教育の面からわたしたちが配慮するのは、このような事態ではないかと思う。

もちろん、その基底にある自然的層では、身体的および心理的な側面の養護、養育が教育の基本的機能としてあり、あたたかく世話をし、病気をしないように健康に育つように配慮する。ところがもう一つ、前述した人格的層の側面は、いくらか道徳教育、宗教教育がかかわる側面である。ここでは、主体としての人間の内面的自覚が問題となる。これは、他の三つの側面とは根本的に異なる構造をもっている。他の三つの側面とのかね合いにおいて、この層の独自の教育課題を明らかにしていく、このことが今日の教育においてきわめて重要な問題であると、わたしは考えている。

道徳教育といっても、その社会化的な側面、たとえば基本的な生活習慣の形成・定着、生活科の目的にあげられている自立の問題は、厳密にいえばここの層の問題ではない。道徳教育の視点の一つにあげられている「自分自身に関すること」、生活科における「自分自身とのかかわり」というものも、やはり自己自身を対象化することによって、自分・自己への自覚を進めていくという手法をとるので、多分に社会的層の問題である。ところが、こちらの自己は対象化しえない自己、それ自体が主体であり、中心であるから、対象化しえたと思った瞬間、その自己は後方に退いていく。わたしがわたしをとらえたときの、そのわたしのとらえたわたしは、もう主体としてのわたしではなく客体化されたわたしにすぎない。ここでは、認識の客体として対象化されたわたしと認識の主体として対象化を拒むわたしとが存在するということに注目しておいていただきたい。

三節　経験概念と体験概念の検討

次に、このような層的把握の問題とからめて、「経験」と「体験」という二つの概念について考えていきたいと思う。経験概念は色々な意味に使われているが、一般的には認識の原理として、たとえば感覚的な直観から思惟によりある一つの原理・原則を導き出す、そういう原理として理解されている。わたしたちの感覚でとらえた、つまり五官を使ってというから、眼や耳や手で見たり聞いたり触れたりとか、そういう感覚的にとらえた印象を一つの概念にまで形成していく。もちろん、その際には何も経験からだけではなくて、その印象を統括していく悟性の働きも介在しているのである。

感覚を通してその対象を認識していく、そこには基本的に感覚をもち対象を認識していくわたしと認識される対象との区別がある。わたしとわたしならざる客観的世界、あるいはわたしとわたしならざる他者というふうに区別している。子どもは成長するにつれてだんだん物心がついてくる。この物心がつくということは、自分と自分ならざるものとを分けていくということである。つまり、わかるということは、分ける、区別することができるということである。そこで、ここでの知の働きは分ける知性、分析する知性であり、分別知あるいは分析的知性とよぶことができる。これは、まとめていく、統合していく知ではない。分けていく知なのである。そこで、科学的認識という場合には、それは実は分析知の働きとその成果である。なまじっか、自己が対象と一体化していくと、自己の主観的要素が働いて対象の認識をゆがめてしまう。だから、自己は対象からできるだけ距離をとることが要請される。自然科学が実験的方法の開発によって飛躍的に発展したことは、想像に難くない。その自然科学をモデルにして、社会科学が発達してきているわけであるが、そういう経験の世界がある。そこで、さきほどあげた三つの対象領域(側面)に対する認識という場合には、そういう手法がとられていたわけである。ところが、体験という概念は事情が異なる。

体験的活動とは何か。体験的活動という以上は、それは単なる活動ではないだろう。もし単なる活動であるなら、あえて「体験的」という形容詞をつける必要はないのではないか。そうすると、体験という言葉が一体どういう意味をもっているか、を明らかにしておかなければならない。体験概念は、直接的に使える領域とややルーズな使い方をせざるをえない領域と全く使えない領域とがある。体験概念は、あまり拡大して使うことには問題があるということになる。われわれは節度をもって言葉を使っていかないと、事柄そのものをも曖昧にしてしまう恐れがある。

「体験」とは、環境世界との交渉によって個々の主観のなかに直接的に見いだされる意識内容・意識過程のことである。平凡社の『哲学事典』にあるように、体験は「経験とくらべて、個々の主観に属するものとして特殊的人格的であり、いまだ知性による加工・普遍化をへていない点で客観性にとぼしく、また具体的情意的」である。

島原では大変な事故が起きた。わたしたちは、火砕流というものの恐ろしさをテレビの映像を通してまざまざと見せつけられた。わたしたちは直接行ってみたわけではないが、テレビとか新聞とかの情報を通してそういう火砕流というものの恐ろしさを知ることができた。しかし、これはわたしがそのことを体験した、あるいは体験を通してその恐ろしさがわかった、ということではないのである。それに、亡くなったマスコミ関係の人も情報として、インフォメーションとしてはすでに知っていたはずである。ところが、実際に災害にあった人たちは、まさに恐ろしさというか、恐怖感を身をもって体験したのである。

わたしたちが知った恐ろしさは、情報を通じて外部知覚されたものである。いわば、向こうにおかれた恐怖感である。ところが、現場にいた人々は身をもって体験している。その恐怖感というものは、その人たちにとっては決して対象化できない恐怖そのものである。あの事象と、それからそれを身をもって体験した恐怖、恐ろしさとは、決して向こうにおいて感知されるものではない。自らがそれとして内部知覚する。わたしたちは体認とか体感とかいう言葉を使って表現しているけれども、生の哲学の立場のディルタイは、「内的知覚」とか「感知」、あるいは「覚知」とよんで、いわゆる認識との違いをいい表している。

明日この会場で、本校の五、六年生の全児童が合唱発表する。これは、一昨年から全校合唱の指導に取り組んできた成果である。最初に聴いたとき、非常に感動し涙がでてしかたがなかった。澄みきった歌声とハーモニーの美しさ、この感動はなかなか聴いていない人に伝えることができない。直接聴いてもらう以外に、つまり追体験してもらう以外にその感動を伝える方法はない。体験には、以上のような特性がある。それは、ある意味では長所であり、別の意味では短所である。わたしたちは、体験概念の特性を十分にふまえて、この概念をつかっていかなければならないと考えるわけである。

授業に体験的活動を取り入れることによって、いや授業そのものを体験的活動にすることによって経験を組織化していく展開が考えられる。その際、体験的活動は経験を組織化していく舞台である。ある対象に出会ってそこからえた経験、具体的には知識・技能・学び方という言葉で表現されるが、いわゆる経験の成果を、新たな対象に出会ったときに再組織化していく。「経験を組織化する体験的な活動」とは、そのようなとらえ方であろうと考えられる。ところがこれは、これまでわたしが述べてきた、実感としての体験を深めていくという方向よりも、むしろその体験から技術・技能を含めた知の獲得の方向への展開として考えられる。

四節　体験可能な世界と不可能な世界

さて、J・デューイがいった言葉だといわれているが、「間接経験」という言葉がある。この言葉は、直接経験という言葉に対して使われている。それでは、間接経験とは何か。本来の経験概念からいえば、経験というのは直接経験しかないはずである。間接経験という言葉の使い方はおかしいのではないか、そんな疑念がここで生じてくる。

間接経験という言葉は、情報によって間接的に獲得した経験、悟性によってひとつの情報として獲得されたある事柄、そういうふうな意味合いにつかわれている。これは、森昭が『教育人間学』のなかで語っていることであるが、単に間接経験とよばれているものは、実は経験ではなく、自分が直接に経験することができない事柄であり、自分の直接経験の範囲に入っていない事実なのである。主体は、それらの事柄あるいは事実をインフォメーションとして、情報知として知っているにすぎない。

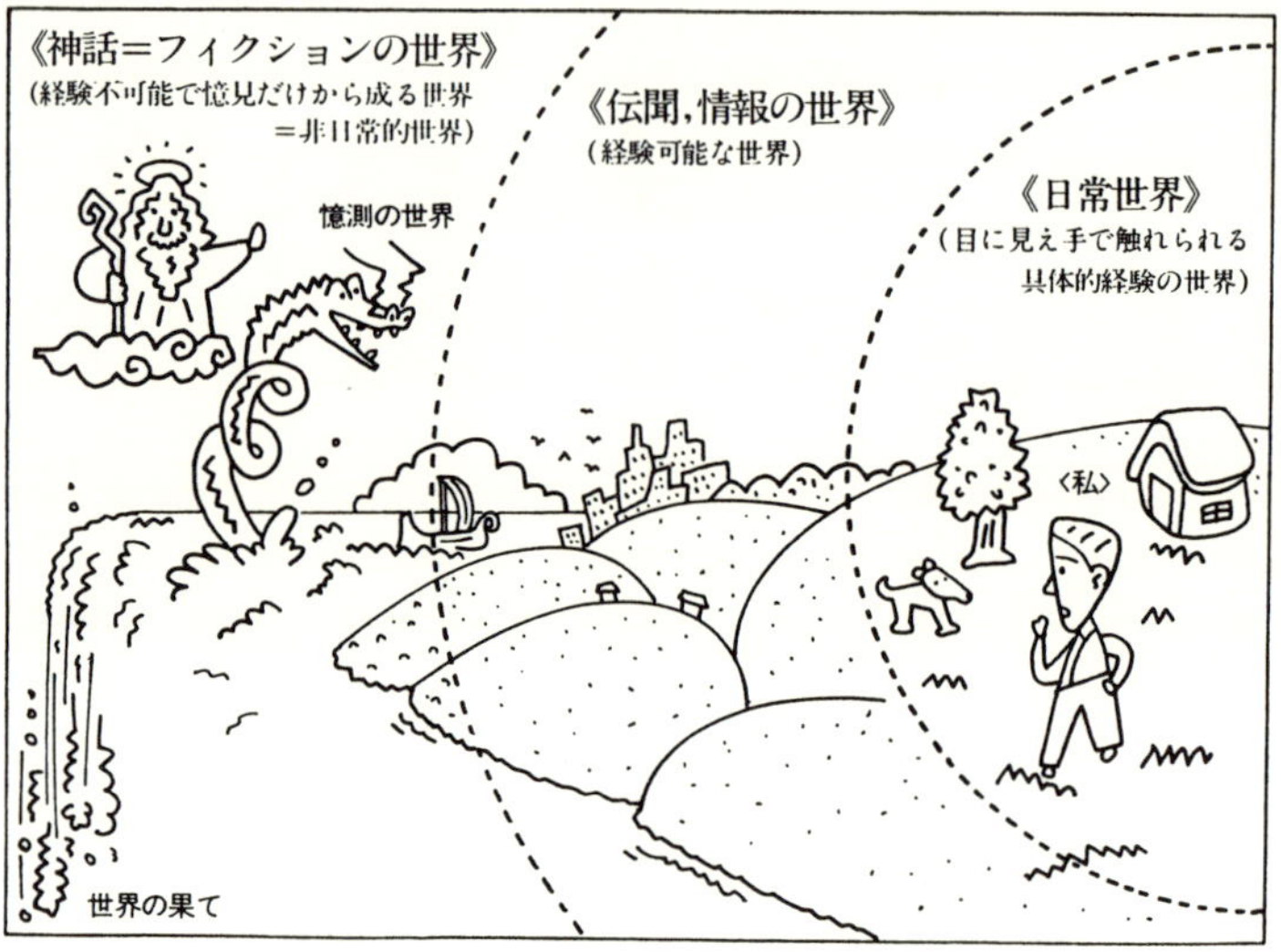

図 〈世界像〉の三つの領域

(出典：竹田青嗣『現象学入門』日本放送協会、1989年、61頁)

わたしたちが体験的活動という場合には、一つはやはり生活経験という、生活者として生きるなかで体験する事柄と、それから学習の場で組織された学習体験という事柄とがあり、この二つは一応区別すべきではないか、と考える。先の学習指導要領の改訂により新しくできた生活科という教科においても、諸々の生活場面に直接しているような教材の領域があるので、一概にはいえないが、多くは教材化された二次的世界での体験活動である、ということができるのではないかと思う。「直接性」は体験の重要な属性であり、体験的活動を仕組む場合、この特性は十分に配慮されなければならないと考える。

そうすると、もうひとつの直接体験の世界、直接経験の世界とはどういうものか。上図を参照していただきたい。これは、現象学の本からぬきだしたものである。右端の部分は日常世界、眼にみえ手に触れられる具体的経験の世界である。中間部分はいわゆる情報の世界、つまり間接経験の賜物である。わたしたちは必ずしもそこに行かなくても、その見知らぬ土地がどういうふうになっているか、を知ることができる。

有名な哲学者・カントはドイツから外にでたことはなかったが、外国を旅行した人よりもはるかに多くのことを知っていたそうである。カントは情報によって各種のことに通じていた。それはじつに間接経験の賜物である。

左端の領域は、神話＝フィクションの世界である。これは「誰かが経験によって確かめたことではなく、ただ理性が具体的な経験からの推論や憶測によって導きだしたフィクション」の世界にほかならない。したがって、誰もその世界を経験することも体験することもできない。テレビでは、オカルト体験とか心霊体験とかがもて囃されている。あるいはそういう世界を体験することができるかも知れない。しかし少なくともいまのわたしの理解の段階では、やはり不可能なことであるといわざるをえない。

この第三の世界は、論理の支配する世界として構想することもできる。森昭は「抽象的な推論によって知られる世界」として特色づけている。高度に抽象化されたレベルの数学の世界とか、哲学的思索の領域は、ここに位置づけられる。

以上述べてきたように、この世界には体験可能な領域と不可能な領域とがあり、より慎重に体験概念を使用していかないと、体験概念の意味領域を拡大していたずらに混乱をひきおこすことになるということを明らかにしてきた。そこで、最後に問題を直接に体験可能な世界に限定して、その世界の構造について考えてみたいと思う。

五節　体験的世界の構造

「純粋経験」という言葉がある。これは、西田幾太郎の『善の研究』の最初の章にでてくる言葉である。そこには、次のような説明がある。「自己の意識状態を直下に経験した時、未だ主もなく客もない、知識と其対象とが全く合一して居る。これが経験の最醇なる者である」と。自己が対象と関係していながら、いまだその対象の意味が内に自覚されていない状態、これが純粋経験である。わたしはここでこの言葉を、それこそ厳密ではないけれども、西田のそれに近い概念として受けとめたいと思っている。そして、学習における体験の意味を考える場合、わたしはとくにこの主観と客観とが分離する以前の純粋経験の状態に注目したいと考えるのである。なぜかといえば、先ほどの認知的世界、つまり情報伝聞の世界においては、学習は知識から入っていく、知識から入ってある事柄についての観念あるいは概念を獲得しており、その結果今日の子どもたちの頭は、二次的な情報の学習によって観念や概念の網に覆われてしまっているからである。子どもたちは、一度この観念の殻を打ち破らなければならない。そうして初めて、子どもたちは純粋経験の基礎のうえに、対象との真の出会いを可能にし、対象の本質をみずみずしくとらえることができるようになる、と考えるからである。

ある事例をとりあげてみよう。八木誠一は「梅の木は梅の木である」(SはPである)という命題を分析する。前者の梅の木(S)と後者の梅の木(P)は別物である。Sは、いまわたしが目の前にみている現実の梅の木のことである。Pの方は、わたしたちが梅の木について一般的にもっている観念を内容としている。現実の梅の木のまえに立って、これは梅の木である、とわたしたちが判断した際に、この判断は一般的な観念(P)に基づいてなされている。それでは、この一般的な観念がどのようにして形成されたかといえば、もちろん現実のさまざまな梅の木から帰納的に梅の木の観念を形成したものかも知れないが、ほとんどの場合、わたしたちは学校で、梅の木とはこういうものである、との説明をうけて、梅の木についての観念を作りあげている。「梅の木は、桃や巴旦杏と同じバラ科の植物で、早春に白や紅の清楚な花をつけ、実は梅干を作ったり梅酒を作ったりする。……」こういう観念をわたしたちはもっている。この観念は、学校において学習において形成されたものである。わたしたちはまず梅の木一般について学び、しかるのちにこれが梅の木だと具体的に教えられる。それで、わたしたちはもう梅の木をわかったつもりになってしまうのである。そこに、観念の陥穽がある。

観念化以前の対象との出会い、観念に解消されない事実との出会い、これが純粋経験の立場であるが、それは西田がいっているように、「全く自己の細工を棄てて、事実に従うて知る」態度である。対象とのかかわりが深まっていくと、SはPであるというい方ができなくなってくる。SはSであるとしかいいようがなくなってくる。深まりにおいて観念が崩壊していっている。いままでみていた見方では、対象がみえなくなってしまう。いままでの見方やとらえ方を捨てさらなければ、対象がみえてこない。そういう事態が生じてくるのではないかと思う。それは、実はみているわたしの側に大きな変化が起きてきているのである。みているわたしが無くなってしまう。みられている対象も無くなってしまう。意識の事実としては、わたしもなければ対象もないという世界が現成する。非常に観念的なようであるけれども、わたしたちの人生の事実としてこのことは認めないわけにはいかないのである。

次の段階で、純粋経験の状態が破れて、自己と世界、自我と対象とを区別する意識が生まれてくる。わたしと梅の木が、あるいはわたしと対象がそこから分化していく。以前のかかわりとは全く違った姿で、両者は現れてくる。そうすると、この梅の木がいままでとは全く違ってみえてくるわけである。いままでみていた見方とは全く違ったみえ方をしている。そういうことを、わたしたちはかかわりを深めていくことによって体験することができるのではないかと思う。これは何もたやすいことではない。場合によっては大変な骨折りが必要であろうかと思う。しかし、わたしたちが体験的活動あるいは体験的学習にせっかく取りくむのであれば、ここまで深めてみる必要があるのではないかと考えるのである。これまで述べてきたことは、実践への具体化ということになると、なかなか難しい面がでてくる。しかし、教育実践の本質を追究する者は、この困難にたじろいではならないであろう。

参考文献

1　竹田青嗣『現象学入門』日本放送協会、一九八九年。
2　森　昭『教育の実践性と内面性』（森昭著作集、第三巻）、黎明書房、一九七八年。
3　森　昭『教育人間学』（森昭著作集、第五巻）、黎明書房、一九七七年。
4　八木誠一『キリスト教は信じうるか』講談社現代新書、一九七〇年。

第二章　経験と体験をめぐる断章

一節　体験的活動に生かされる「経験」の質を問う

昭和五一年の教育課程審議会答申を受けて、各学校には「ゆとりのあるしかも充実した学校生活が送れるように」と、学校創意の時間が設けられ、それとともに「勤労にかかわる体験的な学習」がにわかに脚光を浴びてきました。昭和六二年の教育課程審議会答申においても、各教科に共通な改善点として「体験的な学習」の充実が強調されています。その意図は、「自ら学ぶ意欲を高め、主体的な学習の仕方を身につけさせる」ような学習指導体制への転換を図ることにあります。それは、つまり、生涯学習の展望のもとでの子どもの積極的・主体的な学習体制への転換であります。附属久留米小学校が取りくんでおります研究主題も、その基本理念において、この答申および新学習指導要領の考え方と軌を一にするものであります。

さて、副主題「経験を生かす体験的活動を求めて」という場合の、「経験を生かす」とはどういうことでありましょうか。また、経験が生かされた「体験的活動」とはどのようなものでありましょうか。その具体的展開につきましては、本日の研究発表と公開授業をごらんいただきたいと思います。ここでは、いささか原理的な問題について検討を加えておきましょう。

「経験」という言葉は、戦後の新教育の理論と実践において大変重視されました。一時は、経験主義の立場が教育実践の王道であるかのごとき観を呈していました。しかしときには、その実践は「はいまわる経験主義」と揶揄され、その皮相性が批判されたこともありました。たしかに問題もあったでしょう。でもいまわたしたちは謙虚に、「経験」をどうとらえるか、その知恵を経験主義に学ぶべきではないでしょうか。

一体、経験とは何でしょうか。J・デューイの場合、それは人間がその自然的社会的環境と交渉する際の事象であります。それは、生活経験であり、人間と環境との相互作用としての生活行動そのものです。経験とは、ここではもともと行動上の事柄であって、認識上の事柄ではありませんでした。

ところで、経験にはまず人間が環境に働きかけるという能動的側面があります。働きかければ、その対象から何らかの反作用があります。人間は、その反作用による、時には苦痛を耐え忍ばなければなりません。このような受動的側面も、経験にはあります。デューイは、経験は能動的要素と受動的要素との一種特別な結合から成り立っている、と語っています。

中村雄二郎も『哲学の現在』(岩波新書)のなかで語っています。「私たちがなにかの出来事に出会い、自分で、自分の躯で、抵抗物をうけとめながら振舞うとき、はじめて経験は経験になる」と。まず、経験の能動性が強調されています。能動性がなければ、どんなに多くの出来事に出会っても、それらはわたしたちの経験にはならないのです。しかし、わたしたちは身体をそなえた主体として存在することによって、受動性から免れることはできません。つまり、身体をそなえた主体として、わたしたちは情念的・受苦的なものに脅かされる状態に身を委ねることによって、その脅かしを試練としつつそれに耐えなければなりません。しかし、そのときわたしたちと現実や世界(環境)との関係性が真に自覚されるのであります。「経験から学ぶ」ということは、わたしたち人間が事物に対して為すところと、その結果として事物から受けるところの苦楽との間に存する因果関係を明らかにすることだ、とデューイは語っています。子どもがただ火のなかに指を突っ込むだけでは、経験とはなりません。その動作がその結果として受けた苦痛と結合したとき、初めて経験となります。そのときから、その子どもにとって、火のなかに指を突っ込むことは火傷を意味することになります。もちろん、そこに思考の働きが介在していることを見逃すことはできません。

「経験から学ぶ」とか「経験を生かす」とかいう場合、右に述べたことがきちんとその構造のなかに位置づけられていないと、その意味は色あせた、浅薄なものになってしまいます。「間接経験」という言葉をよく耳にしますが、それは生活・行動・実践としての経験の本来の意味を、単に「情報を知ること」という色あせた意味に変容させてしまっています。「自己を豊かに創造する子どもを育てる」ためには、以上のような経験の意味を踏まえて、学習指導の原理と方法が探究されなければならないと考えるわけであります。

二節　「経験」の遠心性と「体験」の求心性

「経験」や「体験」という言葉は、実に多義的であり、また使う人によって多様であります。経験と体験とを同じ意味で使う人がいるかと思うと、厳密に区別して使う人もいます。同じ比重で、対比的に用いる人がいるかと思うと、いずれかに重きをおく人もいます。

「経験」と「体験」とは、ごくおおざっぱにいえば、わたしたち人間と環境や世界との関係の在り方の二つの様態であります。森昭は大著『教育人間学』(黎明書房)において、「経験」を人間から世界へのいわば遠心的関係ととらえ、「体験」を人間自身へのいわば求心的関係ととらえています。

前節では、「経験」に関して、その行動的実践的性格を特に強調して述べましたが、経験は他面では認識の系として、環境・世界のより客観的な認識、さらには科学的認識へ展開するものともとらえられます。イギリス経験論の立場を代表するJ・ロックは、人間の心は生まれてきたときにはいわば「白紙」の状態にあり、これにさまざまな観念を刻みつけていくのは感覚的経験だとして、経験を認識の源泉とみなしました。ただかれの認識論には、認識は客観的な事物の姿をそのままに写し取るという模写説の残照が漂っています。わたしたちの認識がすべて経験とともに始まるとしても、しかし認識のすべてが経験からのみ生ずるのではありません。経験的認識は、感性が受け取った直観を悟性(知性)が能動的に思惟する結果なのです。このように、認識能力としての理性の働きを重視したのは、カントでした。ここには、認識における認識主体(人間)の能動性が強調されています。

次に「体験」とは、その環境・世界との交渉によって個々の主観のなかに直接的に見いだされる意識内容、意識過程のことであります。愛する人間の死は、構造的に特別の形で苦痛と結びついています。このような苦痛と、わたしが苦痛を感じる事象にかかわる知覚ないし表象との構造的結合が、体験であります。つまり体験は、分析的にみれば、苦痛と、この苦痛を起こさせたものについての知覚ないし表象と、さらにこの知覚がかかわる事象との構造的連関としてとらえられます。それは、直接・端的に感知される意識の事実であって、外から与えられたり、考えられたりするものではありません。したがってそれは、つねに何らかの主観的、主体的実感を伴っているものです。平凡社の『哲学事典』にありますように、体験は「経験とくらべて、個々の主観に属するものとして特殊的人格的であり、いまだ知性による加工・普遍化をへていない点で客観性にとぼしく、また具体的情意的」であります。

さて、前述のような「経験」の外への遠心性と「体験」の内への求心性とをどのように統合するか、この問題の解決は、わたしたちの研究の副主題「経験を組織化する体験的な活動」に理論的な根拠を与えることになります。

体験の直接性・具体性は、学習場面において積極的に評価され、生かされなければなりません。しかし、それは反知性的になってはなりません。体験が経験的認識になるためには、それは一度知性による概念的な形成と再構成が必要であります。そうでなければ、その体験は主観的なものにとどまってしまうでしょう。しかしまた逆に、知性による加工、概念化の過程は、情意に裏打ちされなければ、人間の意志や感情から切り離された、しかも時間・空間・質量・運動などの範疇でとらえられた抽象的な認識の世界を成立させるだけで、事実や事象の本性を生き生きと把握させるにはいたりません。ここに、「体験」的な活動が要請される所以のものがあります。

本年度は、副主題を「経験を組織化する体験的な活動を求めて」と設定し、一年次の研究をさらに深化する方向で懸命に取りくんで参りました。本日公開し発表しますのは、この一年間の取りくみの成果であります。どうか、忌憚のないご批評とご指導をお願いする次第であります。

三節　体験的世界の原風景

わたしたちは、この三年間「自己を豊かに創造する子どもを育てる学習指導」という研究主題をかかげて、新教育課程の教育課題「自ら学ぶ意欲を高め、社会の変化に主体的に対応できる能力の育成」に真正面から取りくんでまいりました。子どもたちが自らの興味・関心を生かして、意欲をもって学習課題に立ち向かっていく、そのような主体的な学習の構えは、一度子どもたちに学習対象へ全我的なかかわりを体験させることによって育つという認識に立ち、「体験的活動」をキーワードにして、それを授業のなかにしっかり位置づけようと努めてまいりました。各教科・領域の特質に応じて、体験的活動と授業とのかかわりの様相は多彩でありますが、わたしたちは各教科・領域の公開授業や研究発表、そして著書『体験的活動の授業づくり』(明治図書)において、その特質を精一杯描き分けました。十分な成果を収めえたかどうか、皆さんの忌憚のないご批評とご指導を切にお願いする次第です。

さてここで少しばかり、体験の地平を拡げるために、体験的世界への哲学的散歩を試みてみましょう。

すでに明らかにしたように、「体験」とは意識の直接の事実であり、生の連続発展の過程において、その時々の一断面が内に自覚された姿であります。人間の生は、自我と外界(環境)とが不断に交渉しながら絶えず流動進展しているものでありますが、この交渉から成り立つところのものが内に自覚された姿が、体験とよべるものです。この点が、一般に語られている「経験」概念との違いではなかろうかと思うのです。経験は、むしろ外へ対象化されることによって、より客観的な認識の方向へ向かいます。

ところで、自我が対象(外界)と関係していながら、いまだその対象の意味を内に自覚していない状態は、いわゆる「純粋経験」であります。それは、「いまだ発せざる無であり、規定されざる無限者であり、形成されざる渾沌」(石山脩平『教育的解釈学』)であります。それは、決して空虚なものではなく、創造的エネルギーそのものであります。純粋経験の状態は、いまだ主観も客観もなく、自我もなければ対象もない、根源的な無意識の世界であります。自己と世界とが溶け合っていて、すべてが自己でもあり、世界でもあるのです。

この純粋経験は、自覚によって人間の意識にのぼってきます。対象は自我から特定の意味を与えられ、自我は対象から特定の意味を受けとります。つまり純粋経験は、自覚によって「意味を付与する自我」と「意味ある対象」とに分かれるのであります。たとえば、「分かる」ということは、右に述べた根源的な無意識の世界、いわゆる純粋経験の状態が破れて、自己と世界、自我と対象とを区別する意識が生まれてくることだといってよいでしょう。この意識化の過程はまた、二つの側面をもつと考えられます。一つは、客観化の過程であり、もう一つは主体化の過程であります。

前者は、人間が世界に開かれた存在として、世界に対するかかわりを認識していきます。後者は、世界における自己の存在の意味を問う、という自覚の方向をとります。勿論、この二つの側面は統合的にとらえられる必要があります。

体験の流れを分解してみると、このように「純粋経験の状態」と「意識化の過程」とが考えられます。そして、学習における体験の意味を考える場合、わたしは特にこの主観と客観とが分離する以前の純粋経験に注目したいと考えるのです。なぜかといいますと、今日の子どもたちの頭は、二次的な情報の学習によって、観念や概念に覆われてしまっているからです。一度この観念の殻はうち破られなければなりません。そうして初めて、子どもたちは純粋経験の基礎のうえに、対象との真の出会いを可能にし、対象の本質をみずみずしく理解することができるようになる、と考えるからです。

わたしは、右に述べたような純粋経験の状態が破れて自覚へいたる、その一連の意識の流れを「体験的世界の原風景」と名づけました。そして、その流れと仕組みを解明することによって、子どもの成長発達における「体験」の人間学的意味を明らかにしたいと考えたのであります。

第三章　体験・表現・理解

今年(一九八三年)の福岡県社会科研究協議会第二六回研究大会の分科会における学年別協議議題は、共通して「……学習体験を通し、共感的理解を図って……」ということを中心のテーマとしていた。この「体験」とか「理解」とかいう言葉は、「表現」という言葉とともにドイツの哲学者、W・ディルタイの精神科学的方法論(いわゆる「解釈学的方法」、また「理解論」ともいう)の中心概念である。そこで、ディルタイの理解論を素描しながら、この三つの言葉の意味をさぐってみよう。

わたしたちに直接与えられている世界は、体験の世界である、ディルタイはそう考えた。根源的な姿においては、いわゆる自然界とよばれるものも、わたしたちの体験の内容としてあるのである。たとえば、野の花の神々しいばかりの美しさに心を奪われて、一時苛酷な現実を忘れた体験は誰もがもっている。そのことによって、なんと心が慰められ、励まされ、また人生が豊かにされたことか。そういう、わたしたちの生を促進させたり阻害したりする具体的な自然のなかから、わたしたちの生への関係を切断しそれを客観化し抽象化したものを、自然科学はその研究対象とする。そこには、価値や意味や目的を捨て去った認識の純粋な客体が存在するだけである。つまり、意味や感情から切り離された時間・空間・質量・運動などの世界が成立する。したがって、自然科学の考える自然は、わたしたちの体験に連なっている自然からの抽象物、いわば仮構の世界なのである。わたしたちは、それをあたかも真実の世界であるかのように錯覚しているのである。

ところが、ディルタイが基礎づけた精神科学は、直接的・内面的な現実そのもの、換言すれば内から体験される連関としての現実をその対象とする。精神科学の対象のうちには、精神が客観化され、目的が形成され、価値が実現されている。あるいは、「人間の願いや苦しみ」が表現されている。対象のなかに表現され、客観化されたかかる精神的なものを理解するのが、精神科学の課題である。そう、ディルタイは考えた。

人間はなんらかの体験をもっている。その体験は表現として客観化され、客観化された表現はわたしたちによって理解される。理解されることによって、表現の内容はわたしたちの体験内容となる。このように、人間の生は、体験↓表現↓理解↓体験というように、円環的螺旋的運動を構成しており、したがってそれはこれら三つの作用の円環的な運動においてとらえられる。高坂正顕はこの事態を次のような例で説明している。

「一人の画家がある景色を眺めて感銘を受ける。それが彼の体験内容である。ところがその感銘の内容を表現したものが彼の描く画であり、その画を見てそれを了解(理解)したとき、画家がえた体験内容は、彼の作品という表現を通じてわれわれの了解(理解)の内容となり、われわれは画家の体験をわれわれ自身の体験としてもつ。」

(高坂正顕『教育哲学』理想社)

さて、体験とは何か。それは、個々の主観のなかに直接的に見出される意識内容・意識過程をいう。つまり、存在が意識の事実としてあるところの存在の様式である。ディルタイにおいては、もともと理解とは表現の理解のことであり、また表現とは体験の表現のことである。したがって、理解とはいわば表現された他者の体験を、その表現を通して理解することである。そのことを「追体験」とか「追構成」とかいう。もちろん、体験の表現されたものとはいっても、その表現は単に体験の内容をそのまま模写的に外に表したものではない。体験から表現への移行は同じ内容の反復ではなく、むしろ新しい内容の創造であり、前進である。体験は表現において一段と深められるのである。

表現とは、歴史的・社会的に規定された人間の体験の表現であり、ディルタイは次の三つをあげている。①概念、判断およびそれの体系化された学問、②目的意識的行動、態度、③すぐれた偉大な芸術作品にみられるような、生の深い体験内容、いつわりのない真実の生の表現である。社会科においてこれに相当するものは、歴史事象・社会事象とよばれているものであろう。

理解は、ディルタイにおいて、基本的理解と高次の理解とに区別される。基本的理解とは、たとえば人が泣いているのをみて、その人の悲しみを理解する場合のように、悲しみの表情(表現)と悲しみの気持(体験内容)とがひとつの統一体を構成している場合である。この場合、表現と体験内容との連関は、この連関が与えられている共通性から推論される。また、言葉・身振り・命題・作用・芸術品・歴史的行為などが理解されうるのは、これらに自己を表現する人びとと、これらを理解しようとする人びととを結びつける共通性があるからである。直接体験しなかった事柄について理解が可能な根拠は、ここにある。

ところが、わたしたちは悲しみを懐きながら、それをことさら笑顔をもって表現したり、あるいは相手に好意を懐きながら素気ない態度をとる場合がある。つまり、体験内容と表現とが矛盾する場合である。この場合、前述の理解の手続きのような、共通性からは推論されえない。そこで、それぞれの表現を通じて、その根底にあるまとまった人格的なものを理解すること、あるいはそこまで到達することが求められる。ここに、高次の理解が成立する。それは、それぞれの行為や表現の理解ではなく、ある特定の人間の生の全体的連関の理解である。

以上のように、ディルタイの理解論を構造図式化し、それとの対比で今年の研究大会の分科会テーマを検討してみたらどうであろうか。分科会テーマの「学習体験」は、ここで述べたディルタイのいう体験と同じものではない。それは学習者である子どもたちの体験である。それは、他者を理解する際の自己の体験のことであり、いわば理解の手段としての体験である。理解は体験を前提とする。直接体験による理解は、人間における基本的理解の形式であった。ディルタイの場合も、初期の心理学的立場から展開された理論には、この考えがあった。しかし、体験は主観的であり、狭隘である。主観的で狭隘である自己の「学習体験を通し、共感的理解を図る」として、その理解の十全性・客観性はどのように保証されうるであろうか。科学的な社会認識の育成を図る社会科学習指導にとって、学習体験は必要条件ではあっても、決して十分条件ではないであろう。何らかの補完が必要となる。

ディルタイ自身も、初期の理解論の心理学的な主観主義を克服して、解釈学的立場にいたった。それは、他者の理解は体験の客観化された表現を通してのみ可能であると考える立場である。ここでは、「表現」が重要な地位を占める。表現は生の客観化されたもの、すなわち生の客観態であり、そういうものとしてわたしたちの前にあり、理解は絶えずそこに戻ることによって、自己の狭さ・かたよりを克服することができる。歴史的世界に例をとると、子どもの前に提示されるのは、歴史上の人物たちの体験が表現された歴史的事象である。子どもたちはこの事象を媒介にして、この事象のもつ、あるいはその背後にある意味や価値や働きを理解しようとする。子どもたちは自己の理解が十分なものであるか否かは、事象そのものに立ち返ることによって検証することができる。もちろんその際、自己の直接体験が有効な働きをすることを否定するものではない。

体験は理解によって、体験の狭さと主観性とから解放されて、全体的なもの・普遍的なものへ高まることができる。つまり、他者を理解することによって、自己の体験の不明瞭なところは明瞭となり、主観的狭隘さは改善され、体験そのものが拡大されるのである。分科会テーマの「社会の見方考え方を拡める……」ということは、この事態に相応するものであろう。このように、体験と理解とは相互制約的、相互補完的な関係にある。

ここで分科会テーマに一つの疑問が残る。「学習体験を通し、共感的理解を図って……」ということは、二つの事項が並置されているのか、それとも媒介的に学習体験を通して共感的理解が図られるのか、そのいずれであろうか。併置の場合、この体験と理解とは学習の場においていかなる関係にあるのだろうか。

第二部　生活科、社会科と学級活動

第一章　生活科と自立した生活主体の形成

はじめに

平成元年の教育課程の改定により、小学校低学年の社会科と理科とが廃止され、新たに「生活科」が設けられることになった。附属福岡小学校も、文部省の教育課程研究開発校の委嘱をうけて、三か年にわたって低学年の総合的学習のあり方について研究し、その総括として、感覚を通して自然や社会の諸事象と触れ合う体験学習とその表現活動を内容とする「生活科」を構想するにいたった。

この生活科は、教育課程審議会の「審議のまとめ」によれば、「自立への基礎を養う中核的な教科」として性格づけられている。附属福岡小学校では、「自然や社会の事象に体験を通して働きかけながら自らの生活を高めていく教科」と位置づけられている。とりわけ、生活科新設の目玉として、低学年児童の発達的特性に鑑み、「具体的な活動や体験による学習」が重視されている。さらには、「生活上必要な習慣や技能を身に付けさせ」ることによって、子どもの「自立した生活主体＝学習主体」としての形成がもくろまれている。

さてこの小論では、前記のことを考慮して、とくに次の二つの観点から問題の整理をしてみよう。

①「生活上必要な習慣や技能を身に付けさせ、自立への基礎を養う」というねらいは、どのようにとらえたらよいか。

②学習指導の方法原理として、「具体的な活動や体験」および「表現活動」が重視されているが、それにはどういう意味があるか。

一節　学習指導の目的原理――「自立への基礎を養う」ということ

昨年、ある小学校のＰＴＡの成人教育研修会に招かれて話をしたことがある。そのとき要請されたテーマは「なぜ、いまの子どもは自立できないか」ということであった。

いまの子どもは、「自分の身のまわりのことが、何ひとつ自分でできない」「何かあると、すぐ親に頼ってしまう」「いちいち指示しないと、自分から進んで何ひとつしようとはしない」等々といった、保護者へのアンケート調査の結果から、このような講演会のテーマが設定されたということであった。親は、おそらく自分たちの子ども時代を回想して「むかしの子どもに比べて、なぜいまの子どもは自立できないか」と考えたのであろう。そういう含意が、このテーマにはあったのではないか。そのように受けとめて、わたしは話の内容を次のように考えてみた。

①むかしの子どもに比べて、いまの子どもたちが自立できないでいるとすれば、そのような事態を生みだしている状況があるにちがいない。それは何か、むかしの子どもをとりまく状況との比較において考えてみよう。

②しかし、その際自立とはどういうことか、が問われなければならない。また、自立には、自立へいたる道すじがあるにちがいない。それは、自己形成の道すじといい換えてもよいであろう。この道すじがどんなものか、明らかにされなければならない。

③子どもの人間的成長と自己確立にとって、父親と母親の果たす役割はきわめて大きい。今日、家庭や学校で問題になっている子どもたちのさまざまな病理現象は、その役割の欠如態としても受けとめることができるのではないか。

どのような話をしたか、その具体的な展開はここでは省略しよう。この小学校の保護者たちの現状認識と「生活科」新設の背景とには、その内容に若干のずれがあるかもしれないが、課題意識は共通するにちがいない。新設の背景をなす臨時教育審議会第二次答申には、次のような現状認識が語られている。「物質的繁栄や便利さの代償として、基本的な生活習慣の形成が十分ではなく、自主性に乏しい精神的にも肉体的にもひよわな子どもが目立ってきている。また、豊かな社会の実現により、かえって確固たる自我の形成が行われず、自己抑制力、自立自助の精神が衰弱し、責任感や規範意識が薄れてしまっている」と。

ところで、最近「二一世紀へ向けての子どもの教育」ということが、盛んに叫ばれている。教育課程審議会も、今回の教育課程改定の基本的観点として「二一世紀に向かって、国際社会に生きる日本人を育成するという観点に立ち、国民として必要とされる基礎的・基本的な内容を重視し、個性を生かす教育の充実を図るとともに、自ら学ぶ意欲をもち社会の変化に主体的に対応できる、豊かな心をもちたくましく生きる人間の育成を図ることが特に重要である」と強調している。だが、二一世紀がどのような社会なのか、誰もわたしたちにその具体像をはっきり示してくれない。高度情報化社会・国際化社会・脱工業化社会・都市化社会・核家族化社会などの言葉で、不確定な未来社会を何とかとらえようとするのだが、それとて定かではない。そのような理念型的用語では、未来社会の具体像(イメージ)は結べないのである。それでは、そのような不確定な未来社会へ向かって、わたしたちは子どもをどのように教育しようとするのであろうか。また、どのような力を身につけさせようとするのであろうか。

いかなる時代であろうと、教育はもともと無力で弱い、頼りない状態でこの世に生まれてきた子どもたちが、自然や社会とのかかわりのなかで、さまざまな基本的行動様式や価値規範を身につけ、その社会において一人前の成員として自立できるまで保護し、援助する役割をになってきた。それは、日常生活の、親と子との共同の営みのなかで自覚的・無自覚的になされる場合もあるだろうし、また学校のような、特別の教育施設で意図的計画的になされる場合もあるであろう。ところで、このような保護活動、援助活動が前提とする「一人前になる」あるいは「自立する」とはどういうことか、この問題を人間学的観点からいくらか原理的に検討してみよう。

「人間であること」（人間存在）、また「人間になること」（人間生成）をどうとらえるかは、論者によって多様でありうる。人間存在の成層構造に着目し、それぞれの層に相応する教育の形式を考えるのは、ドイツ教育学の伝統的な思考法のひとつであった。たとえば、シュプランガーという教育学者は、教育とは一面では生成する人間の各年令層に対して、他面では人間存在の各本質層に対して特別の形態をとらなければならないきわめて複雑な行為である、として、人間の自然ないしは生命の層を対象に「発達の援助」を、文化的存在としての人間の存在様式に対しては「文化財の伝達」を、ひとり神のまえに立つ個的実存としての人間を対象にする場合「良心の覚醒」を、教育の諸形式として明らかにしている。そこには、対自然、対文化、対絶対者とのかかわりにおける人間生成論ないしは人間形成論が展開している。

さてここでわたしも同様に、人間存在を成層的に「自然的」「歴史的（社会的・文化的）」「人格的」の三次元的立体構造としてとらえてみよう。そして当然、人間生成や人間形成の問題も、この構造に即して考えられる。それを単純化して図示すると、**次頁の図**のようになろう。このように図式化すると、あたかもこれらの層あるいは側面が機械的に整然と分割されうるかのごとき印象を与えるが、人間存在がこのような部分に分割可能なものと考えられてはならない。

人間は単なる自然的存在でも、単なる社会的存在でも、また単なる文化的存在でもない。むしろ、そのように分節してとらえられた諸側面を統合し、それらに意味と価値を付与する人格的層を中核とする存在である。真の人格存在の確立は、人間存在のこれらの四つの側面が統合的全体として把握されるとき可能になると考える。

このような人間存在論の立場から、「自立」の問題を考えていくと、一応そこに、わたしたちは「身体的自立」「社会的自立」「精神的自立」「人格的自立」の四つの側面を考えることができる。そして、それら四つの側面に応じて、人間と人間をとりまく環境世界との間に、四つの関係が成立する。つまり、人間と自然との関係、人間と社会との関係、人間と文化との関係、人間と絶対者との関係である。生活科がめざす「自立への基礎を養う」という場合の自立には、当然これら四つの側面や関係が含意されていると思う。しかし、当面は身体的成長・成熟を基盤にした「社会的自立」「精神的自立」の側面が前面にでてくるであろう。もちろん、人格存在としての人間の自立には、究極的には「人格的」ないしは「道徳的自立」がめざされなければならない。

最近、学校教育の課題として強調されている「自己決定力」や「自己規制力」の育成ということは、「自立」のための教育の重要な指標となっているが、これらの概念の内実を考えるためには、もうひとつ別の観点から、人間存在の本質構造を検討する必要がある。それは、人間の現存在を「自己肯定」と「自己否定」との両契機の緊張構造としてとらえる立場である。

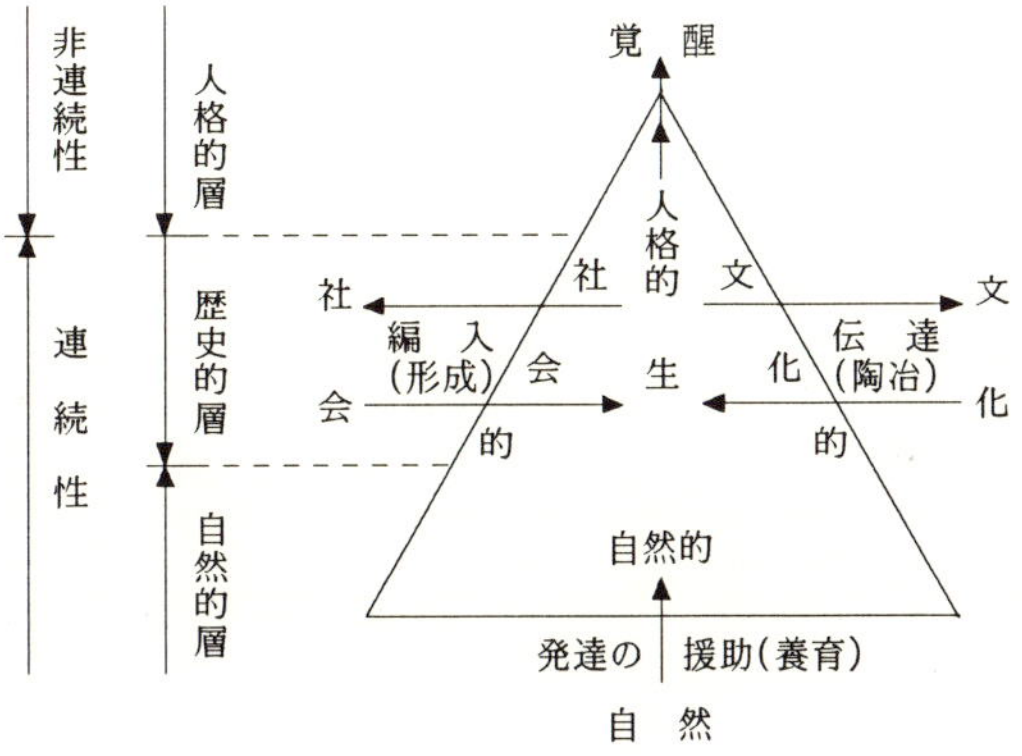

図　人間存在の成層

上の図は森昭氏の図式に少しばかり手を加えたものである。
（参照：森昭『教育の実践性と内面性』31頁）

飯島宗享氏は、人間の主体性を「自己肯定」と「自己否定」との両契機の緊張関係においてとらえる。自己肯定とは、「生きて生存することを無条件に前提し、それに基づく欲望を追求する営みを行わせるもの」、換言すれば「食欲、性欲その他もろもろの欲望も動物的なものから精神的なものを含めて、そうした欲望を発する現在の自分を肯定する」あり方である。人間の知恵は、これまでこの欲望に奉仕して、さまざまな発展を行い、技術を開発し、文明を形成してきた。人間が人類の一員として現に存在し、しかも他の人間をも含めて自己以外のあらゆる存在を自己の生存のための道具となしうるのも、この契機においてである。ただこれを放置すると、きわめて独善的・恣意的・利己的な生き方を導きだす。

それに対して、自己否定とは「生きて生存することだけを目的とし、その目的をうながす欲望の充足をはかるあり方に疑問を投げかけ、これを『否』というあり方」で、これは生存から発するすべての欲望に対して規制する作用をもつ。この自己否定において、生存は震撼させられ、その欲望は停止させられる。したがって、ここでは単なる生存が生きがいのある生に質的に転換することが求められるのである。

このように、人間の現実はこの二つの契機の矛盾のうちにあり、主体的人間が実現されるか否かは、この矛盾のさなかにおけることだ、と飯島氏はとらえている。人間存在の層構造において、自然的、社会的、文化的のそれぞれの側面を豊かにし拡大していくことは、ここでいう「自己肯定」の系列である。「発達の援助」(養育)といい「社会への編入」(社会的形成・社会化)といい「文化財の伝達」(精神的陶冶・文化化)といい、いずれも人間のこれらの側面を豊かにすることに貢献をしてきた。ところが、これらの側面だけが追求されると、それらのみが部分的に肥大し、人間としての統一が失われる。人間に統一と目的感覚・方向感覚をあたえるのは、人間存在の中核にある人格的層の働きである。それは、「自己否定」がそこから発せられる根基であり、また真に自己決定力・自己規制力が働く場所でもある。人間の生の連続的な発達のためには、もちろん「豊かに育てあげる教育」は重要であるが、人間が真に人間として自立していくためには、人間の最内奥の核心（人格的層）への働きかけ、本来の自己をめざめさせる教育、いわゆる「ゆさぶりをかける教育」が重要な役割を果たす。

さて、以上述べてきたことを、今度は人間生成ないしは人間形成の観点からとらえなおしてみよう。

「発達の援助」という場合の「発達」の概念は、もともと有機体の成長過程を意味する生物学的概念である。人間の場合に、この有機体の自然法則に従うのは、身体面の成長と心的成熟である。人間は、ある素質や性向をもってこの世に生まれてくる。そして、それは種々の成長過程を通じて、特定の性格・能力・行動様式にまで発達する。ところが、この成長過程は有機体の自然法則には支配されない。

人間がどういうものになるかは、他の人間や事物と出会い、どういう内容を体験するか、またどういう目標に向かって努力し行動するか、にかかっている。他の人間や事物との交わりによってこそ、子どもの身体的かつ精神的能力は啓発され、その性格は形成され、その心情はめざめさせられるのである。

ところで、子どもにとって現実の最も重要な断面は人間の社会であるが、そのなかで、子どもは基本的な行動様式や価値規範を身につけていく。このことは、子どもにとって「社会への適応」の過程、あるいは「社会化」の過程である。わたしたちの側からみれば、これは子どもの「社会的形成」の問題である。ところが、今日のような変動の激しい時代には、子どもに確定的な行動の様式や規範を示すことができない。また、今日子どもは善と悪との混乱した社会のなかに入っていかなければならない。そこには、無数の争いと個人的決断とが待ち受けているであろう。そのような場合、巧みに社会に適応する能力より、自分自身の価値体系を作りだし、それによって生きる能力、あるいは強力な誘惑に抵抗する勇気を養う方がより重要になる。自立した生活主体とは、このように自然や社会とのかかわりのなかで、自ら考え、自ら判断し、自らの責任において行動できる自立した人間のことであろう。

低学年児童に焦点をあてた発達的視点からの「自立への基礎」づけの問題は他の著作にゆずり、ここでは基本的原理的問題の提示にとどめたい。

二節　学習指導の方法原理――体験・表現・理解のサイクル

生活科は「具体的な活動や体験を通して、自分と身近な社会や自然とのかかわりに関心をもち、自分自身や自分の生活について考えさせる……」教科として、「体験学習」にきわめて重要な位置を与えている。附属福岡小学校の生活科でも、「自然や社会の事象に体験を通して働きかけながら自らの生活を高めていく教科」と規定しているように、「体験」活動は中核的な位置をしめている。とりわけ、体験の質に注目し、それは「感動体験」でなければならないと規定している。

ところで、「体験」とか「表現」とかいう言葉は、「理解」という言葉とともに、ドイツの哲学者であり精神史家でもあったW・ディルタイのいわゆる「解釈学」の中心概念である。ディルタイにおいては、学問の方法論であったが、わが国では、石山脩平がそれを教育の実践原理にまで具体化することによって、一種の国語教育論を展開している。その著『教育的解釈学』に次のような記述がある。

「人は外界との交渉によって内に何等かの体験を得ると共に、その体験を種々なる形式に於て外に表現し、他の人はまたこの表現を理会(理解)して自らの体験を培ふ。自我と環境との相互作用に於て存在する生命は、内に自らを意識して体験となり、外に自らを現はして表現となり、他人に於る表現を理会(理解)して、実は本来自らの中に含みながら未だ意識しなかつた所のものを自らの中に見出す。」

人は、何らかの体験をもっている。その体験は表現として客観化され、客観化された表現はわたしたちによって理解される。理解されることによって、その表現の内容はわたしたちの体験内容となる。このように、自己と環境との相互作用において存在するわたしたち人間の生は、体験→表現→理解→体験というように、円環的螺旋的運動を構成している。高坂正顕はこの事態を次のような例で説明している。

「一人の画家がある景色を眺めて感銘を受ける。それが彼の体験内容である。ところがその感銘の内容を表現したものが彼の描く画であり、その画を見てそれを了解(理解)したとき、画家がえた体験内容は、彼の作品という表現を通じてわれわれの了解(理解)の内容となり、われわれは画家の体験をわれわれ自身の体験としてもつ。」

(高坂正顕『教育哲学』理想社)

さて、ここで「体験」というのは、自然界であれ社会であれ、とにかく外界との交渉によって主観のうちに直接見出される意識内容・意識過程をいう。ディルタイによれば、わたしたちに直接与えられている世界は、体験の世界である。根源的な姿においては、いわゆる自然界とよばれるものも、わたしたちの体験の内容としてあるのである。たとえば、野の花の可憐な美しさに心を奪われて、一時過酷な現実を忘れた体験は、誰もがもっていよう。そのことによって、いかに心が慰められ、励まされ、豊かにされたことか。

ところが、客観的認識をめざす自然科学は、そういうわたしたちの生を促進させたり阻害したりする具体的な自然のなかから、わたしたちの生への関係を切断し、それを客観化し抽象化したものをその研究対象とする。そこには、価値や意味や目的を捨て去った認識の純粋な客体が存在するだけである。つまり、人間の意志や感情から切り離された時間・空間・質量・運動などの世界が成立する。したがって、自然科学の考える自然は、わたしたちの体験に連なっている自然からの抽象物、いわば仮構の世界なのである。

ここでわたしたちは、「自然」といっても、生活世界・体験の世界における自然と客観的な認識の対象としてとらえられた自然との、二様の「自然」概念があることに注意しておかなければならない。

では、なぜ生活科は「体験」を重視するのか。その理由としてあげてあるのは、「低学年児童が具体的な活動を通して思考する」、つまり「からだを通して考える」という発達上の特徴である。そこから、分析的であるよりも、総合的な学習活動が設計される。教科の構成としては、「科学」を志向するより「生活」を志向している。それは、「教科」というより、生活経験を内容とする「学習領域」とよぶにふさわしい。生活科の学習活動のなかに具体的な活動や直接体験が位置づけられているのは、それなりに評価されてよいであろう。しかし、そこにはまた陥穽があることに注意しなければならない。それは、生活科において子どもの自然認識・社会認識の芽を育てるために、体験はいかなる役割を果たしうるか、換言すれば、体験は対象を知的に認識するという働きを含みうるか、という問題である。

「体験」概念は、個々の主観に属するものとして特殊的人格的であり、いまだ知性による加工・普遍化をへていない点で客観性に乏しく、また具体的情意的である。そこで、体験が経験的認識となるためには、一度知性によって概念的に形成され統一されることが必要である。

「自然や社会の事象に体験を通して働きかけながら自らの生活を高めていく」という場合に、第一義的には体験を重視するとしても、前記のように知性による加工、つまり思考作用をへなければ、その体験はきわめて主観的なものにとどまってしまうであろう。生活事実の真相を生き生きと把握させるために、体験の具体性・直接性が積極的に評価されるにしても、それは反知性的になってはならないのである。それでは、体験の直接性を尊重しつつ、その主観性と狭さから逃れる道はどこにあるか。

体験は「表現」において一段と深められる。表現は単に体験の内容をそのまま模写的に外に表したものではない。体験から表現への移行は、同じ内容の反復ではなく、むしろ新たな内容の創造であり、前進である。また、表現活動を通じて、自己の体験の不明瞭なところは明瞭となり、主観的な狭さは改善され、体験そのものが拡大される。

表現されたものは、他者によって理解される。他者は自己の体験を通じて表現されたものを理解しようとする。つまり、表現は理解を通じてより深い体験にひきもどされるのである。

子どもたちが最初に出会うのは、子どもにとっては意味のない事実や事象であろう。それとの間に何らかの関係が成立するのは、子どもたちがその事実や事象に対してある態度を決定するときである。そのとき、事実や事象は、子どもたちとの関係においてある意味が付与される。自然事象や社会事象というとき、そこにはもうすでに、ある意味づけがなされているのである。事実認識とは、ここでは事実の意味の理解のことである。子どもたちの事実認識が深まっていくことにより、かれらの感性が豊かにされ、態度決定のための豊かな素材も提供されるのである。事実認識をぬきにして、子どもの態度形成も自立への基礎づけも成立しえないと考えるべきではないだろうか。

参考文献

1　飯島宗享「実存主義における人間」『岩波講座Ⅲ　人間の哲学』一九六八年。

2　森　昭『教育の実践性と内面性』黎明書房、一九五五年。
3　石山脩平『教育的解釈学・国語教育論』明治図書、一九七三年。
4　高坂正顕『教育哲学』高坂正顕著作集第六巻、理想社、一九七〇年。
5　林　忠幸「解釈学的方法」長井和雄編『教育原論』福村出版、一九七七年。
6　『内外教育』（教育課程審議会「審議のまとめ」）第三八九二号、時事通信社。
7　『教職研修』（特集・生活科の創造）一九八七年九月号（第一八一号）、教育開発研究所。
8　林達夫他編『哲学事典』平凡社、一九六九年。

第二章　郷土を教材化する意義と視点

はじめに

この郷土資料集(『私たちの郷土』光文館、一九九三年)は、教師の教材化に活用できるとともに、四年生以上の児童が読んだり利用したりすることもできるように、との編集方針のもとに作成されている。また、写真や絵図、地図や年表、統計資料などもふんだんにもりこみ、しかも説明は短く、できるだけ平易な文章でということが、この改訂版の趣旨であり特色でもある。

児童も教師もともに利用できるように、といささか欲ばった考えであるが、要は多くの人々が自分の興味・関心から、また必要から自由に、そしてひんぱんに活用して欲しいというのが、わたしたちの切なる願いである。

さて、児童がこの資料集をどのように活用したらよいかという問題は、それぞれの箇所にある「活用のポイント」にゆずるとして、ここでは教師の立場から、社会科における「郷土資料」「地域教材」の取り扱いの問題について検討することにしたい。

一節　新しい学力観と社会科学習

新学習指導要領（平成元年）は、その総則において「……自ら学ぶ意欲と社会の変化に主体的に対応できる能力の育成を図るとともに、基礎的・基本的な内容の指導を徹底し、個性を生かす教育の充実に努めなければならない」と、これからの学校教育の指針を示し、指導上の配慮事項として「各教科等の指導に当たっては、体験的な活動を重視するとともに、児童の興味や関心を生かし、自主的、自発的な学習が促されるように工夫すること」を求めている。

ここには、「自ら学ぶ意欲」と「社会の変化に主体的に対応できる能力」を前面に打ちだした新しい学力観が提示されている。いいかえれば、情意領域の「態度的学力ともいうべき要素」と思考力、判断力、表現力などの「創造的な能力」とが新しい学力観の中核にすえられ、知識・理解などの学力は周辺に位置づけられた、といえよう。もちろん、関心・意欲・態度といった情意領域の働きや思考力、判断力、表現力などの能力は、媒体となる教材の学習を通して形成されるものであり、その際情意領域の諸要素が内発的動機づけとして働き、知識・理解を獲得することになり、また逆に知識・理解をえることが関心や意欲を高め、学習態度を形成することになることを忘れてはならない。それらは相互媒介的に作用しながら、総合的な学力へと統合されていくのである。

社会科の場合、その学力観の内容（評価の観点・趣旨）は、次のようになっている。

(1)　社会的事象への関心・意欲・態度

社会的事象に関心をもち、それを意欲的に調べることを通して、社会の一員として自覚をもって責任を果たそうとする。

(2) 社会的な思考・判断
社会的事象から課題を見いだし、社会的事象のもつ意味を考え、適切に判断する。
(3) 観察・資料活用の技能・表現
的確な観察や基礎的な資料の活用を行うとともに、その成果を具体的に表現する。
(4) 社会的事象についての知識・理解
社会的事象についてその特色や相互の関連を具体的に理解する。

さらに、それを学年別に表示した「観点別学習状況評価表」は、次の通りである（次頁表参照）。情意領域や能力の領域を重要視するこの新しい学力観は、郷土を教材化するときの重要な前提をなすものである。

二節　郷土と地域あるいは地域社会

社会科の発足以来、「郷土」は社会科学習指導の重要な教材として取りあげられてきた。昭和二三年の学習指導要領では、特に第四学年の目標として「郷土の生活を現在の状態にまで発展させてきた先人の苦心や、他地域の人々の暮らし方などに学びながら、郷土の発展に尽くそうとする気持ちを養う」とある。ちなみに、郷土という言葉については、指導上の留意事項に「自分たちの村（町）より広い地域をさす場合に用いているが、その地域的範囲は、行政区画としての都道府県と一致する場合と、一致しない場合とがある」と説明している。今日わたしたちが地域あるいは地域社会とよんでいるものを、当時は郷土といい表していたようである。昭和四三年改訂の学習指導要領から、郷土と

表　「観点別学習状況評価表」（社会）

観　点	3　年	4　年	5　年	6　年
社会的事象への関心・意欲・態度	・地域社会の社会的事象に関心 ・意欲的に調べる ・地域社会を大切にする ・成員として自覚	・広い視野から ・地域社会の発展を願う	・産業の発展・環境の保全・資源の重要性に関心 ・産業の発展を願う ・国土に対する愛情	・歴史、政治・国際社会における役割に関心 ・歴史や伝統を大切にする ・世界の中の日本人としての自覚
社会的な思考・判断	・地域社会の社会的事象の特色 について考え、適切に判断する	・事象相互の関連	・国民生活と産業との関連 ・国土の利用	・歴史や伝統のもつ意味 ・政治や国際社会に生きる日本人の役割
観察・資料活用の技能・表現	・的確に観察 ・資料を活用 ・地図・その他具体的資料 ・過程や結果を分かりやすく表現	・効果的に ・地図・各種の資料	・地図・年表・統計 ・具体的に表現	・地図・年表
社会的事象についての知識・理解	・公共施設や人々の活動 ・人々の生活と結び付きのある自然環境 ・消費生活や生産活動の特色 ・生活の変化の様子	・環境や安全を守るための諸活動 ・地域の地形や産業の様子 ・地域の発展に貢献した先人の働き ・国土の特色 ・特色ある地域の生活の様子	・食料生産の特色 ・工業生産の特色 ・運輸・通信などの産業 ・産業と国民生活との関連 ・国土の様子	・先人の業績や文化遺産 ・政治の働きや仕組み・考え方 ・国際社会における役割

（「新小学校児童指導要領」『ワーク研究』72号特集号、光文書院、1992年）

いう言葉は姿を消した。その言葉が「生まれ故郷」と混同されやすいという理由で、また古臭いという理由で、「地域」という言葉におきかえられたのである。それ以来、地域あるいは地域社会という言葉が、一般的に使われるようになった。

第一次世界大戦後、ドイツでは「郷土科」という教科が設けられた。それは、児童中心の新教育運動の展開と民族国家教育運動によって促進された。日本でも、世界的な郷土教育思想の波及と第一次世界大戦後の経済恐慌による農村の疲弊とがあいまって、郷土教育は政府の農村振興策や自力更生運動と結びついて、愛郷心や愛国心の涵養に貢献すべく奨励された。

ドイツの教育学者、シュプランガーが「郷土科の陶冶価値」という講演のなかで、「人間は、大地とその大地から生じたあらゆる自然的・精神的なものとともに、内面的に成長してきた場所にのみ、郷土をもつ」と語っている。郷土が「児童の生活に最も密接な関係の範囲を中心とする」ものであっても、ただ生活している場所が郷土ではない。わたしたちの内面的世界がその自然的、社会的、文化的環境によって深い刻印をうけ、わたしたちの情緒やあらゆる生活力が土地と深いきずなで結ばれるとき、その土地は初めてわたしたちにとって郷土となる。このように、郷土という言葉には、歴史的にみても情緒性、土着性、定住性といったニュアンスがあり、地域という言葉に比して、古臭さをにおわせる。

郷土という言葉のもつこのニュアンスを払拭するために、昭和四三年の改訂から地域という言葉に名称が改められたのであろうが、後述するように、郷土教育が本来ねらっていた郷土愛という趣旨は今回の改訂でも生かされていると考える。たとえば、第三学年の目標「……地域社会の成員としての自覚を育てる」と「……地域社会を大切にする態度を育てる」に、また第四学年の「……地域社会の成員として地域社会の発展を願う態度を育てる」と「……広い視野から地域社会の生活を考える態度を育てる」に、その意図が現れている。もちろん、それは社会的事象の客観的な認識や理解に基づく郷土愛であって、偏狭な愛郷心であってはならない。

以上述べたように、「郷土」と「地域」とはそれぞれの言葉のもつニュアンスに微妙な違いがあるが、そのことを十分に配慮しつつ、特別の場合を除いて以後同義語として使っていくことにする。

三節　筑後地方の自然・風土・歴史

郷土概念が必ずしも行政区画としての市町村、あるいは都道府県と一致するものではないことはすでに述べたが、わが郷土「筑後」という場合も、同じようなことがいえる。

筑後という郷土あるいは地域の自然・風土・歴史を眺望する場合、九州北部を大分県から福岡県にかけて貫流し、有明海へ流れこむ筑後川をぬきにしては考えられない。筑後川とわたしたちの生活とは切っても切り離せない関係にある。つまり、この地域はいわゆる筑後川流域文化圏を構成しているといえる(ところが、行政的にはこの筑後川をはさんで、三井・小郡と甘木・朝倉は福岡区域に属し、いわゆる筑後地域とは区画されているのである)。

筑後地方は、わたしたちに牧歌的な印象を与える。そこに住む人々の純朴で優しい人柄がしのばれる。自然・風土も温暖で、広々とした筑後平野を見渡してみると、いかにものんびりとした生活しやすいところという印象をうける。昭和二八年の筑後川大水害と平成二年の台風は、例外中の例外としか思えない。こんなことはそうたびたび起こるものではないというのが、この地に住む人々の実感ではなかろうか。

今日、交通機関の発達と交通網の整備により、物資の輸送の多くはトラックに委ねられてしまったが、筆者が子どものころ、筑後川をゆったりと下る筏流しは、この地方の風物誌であった。昭和二八年の大水害で崩壊してしまった難関の旧大石堰の長い水路をいかに漕ぎくだるかが、筏流し師の腕のみせどころであり、圧巻であった。このようにして、多くの木材が下流へと運ばれていったのである。

また、この水を利用して、農業が発展してきた。米づくり、野菜づくり、みかんづくりは、温暖なこの地方の特性を十分に生かしている。だが、自然が自然のままで活用される場合は、そう多くない。ある意味で、わたしたち人間の歴史は自然に手を加え、自然と対峙し、自然と格闘してきた過程であるといえる。大石堰、大石・長野水道、矢部川の井堰、有明海の干拓など、枚挙に暇がない。わたしたちの生活がいかに先人の血のにじむような苦心と努力に支えられているか、郷土を知れば知るほどその実感は深くなる。

さらに歴史をさかのぼれば、縄文・弥生時代の遺跡群が散在し、古代人の生活がしのばれる。浮羽地区の古墳群、八女から瀬高に広がる遺跡群、そのなかでも岩戸山古墳は圧巻である。佐賀平野の吉野ケ里遺跡の発掘は、わたしたちの古代への関心とロマンをいやがうえにもかきたてたが、それに勝るとも劣らない古代遺跡が、甘木で発掘されつつある。「平塚川添遺跡」である。

このように、筑後地方には、子どもたちにとって魅力的な学習素材、地域素材が豊富にある。これらの素材を発掘し、どのように教材として生かすかは、指導にあたる教師の力量にかかっている。地域にみられる素材から、何を、どのように学ばせるかは、教師の確かな教材観、教材解釈によるところが多い。

四節　郷土を教材化する意義

社会科は、社会生活についての基礎的理解を図り、社会生活の意味を広い視野から考える能力や、国家・社会の形成者として必要な公民的資質の基礎を養うことをねらいとしている。社会生活について、あれこれの知識を単に積み重ねていくのではなく、社会生活の意味について考える能力をのばし、自らもその社会の一員として、国家・社会の発展に尽くそうとする態度を養うことにある。中野重人視学官（現日本体育大学教授）によれば、理解・態度・能力をセットにして育成するところに社会科の本質があるということであるが、地域教材はこれらの理解目標、態度目標、能力目標を達成するために極めて有効な働きをする教材である。

(1) 理解目標に関しては、地域教材は社会的事象を直接確かめながら具体的に理解することができ、また個々の事象の社会的意味をとらえることが容易である。これは、授業の方法原理として郷土教育が注目してきた観点である。地域あるいは地域教材は、実物教授・直観教授の内容・方法として、教授原理上欠くことのできないものである。

(2) 態度目標に関しては、児童にとって身近な教材であるので、興味・関心をもって主体的に学習でき、地域の人々の生活の様子、苦労や工夫などにじかに接することができ、児童の情意面の育成に有効な働きが期待できる。「郷土を学ぶ」「郷土を教える」ことを通して、郷土への愛着は育まれる。つまり、郷土を目的原理として授業に位置づけることにより、児童の郷土愛を育むことができる。

(3) 能力目標に関しては、地域教材は観察・見学・調査・表現など五感を通しての学習が可能であるので、観察力、表現力、資料活用力、社会的思考力、判断力などの能力の育成に効果的である。この目標はいわゆる形式陶冶の側面であるが、児童が生き生きと追求する自主的、自発的な学習活動を展開させるための観点としてとりわけ重要である。

五節　郷土を教材化する視点

原則的なことを述べるまえに、具体的な事例から入ることにしよう。それは、筑後地区社会科研究協議会の理事であった(現顧問)糸井清氏のレポートである(『社会科教育』三月号臨時増刊〔第三二一号〕、明治図書、一九八九年)。

「パン工場」(旧社会科二年生単元)に代わる新しい教材開発に取りくんだ当時の附属久留米小学校の社会科部は、豆腐屋、天ぷら屋、蒲鉾屋と検討していくが、そのいずれも教材化には成功しなかった。そこで、研究の視点を変えて、「蒲鉾工場」の教材化に取りくむことになる。

蒲鉾工場は、鮮魚を原料としていること、販売においては正月とか慶事とか季節とかに左右されやすいことなどから、小さな工場の場合、需要と供給の面からみてきわめて不安定な経営基盤の上に成り立っていることに注目する。そして、この工場を近代工場として成り立たせているものは何であるか、という問いを設定する。それは、この工場を生産工程の面からではなく、流通機構の面からとらえていこうという発想の転換であった。

このように発想の転換をしたときに、研究同人の目に入ってきたものは、町の小さな蒲鉾工場には不釣り合いな「大型冷蔵庫」の存在であった。蒲鉾工場における大きな冷蔵庫は、原料である鮮魚を、豊漁で低価格のときに大量に仕入れ、蒲鉾の半製品であるすり身にして蓄えておく倉庫である。この大型冷蔵庫により、正月とか慶事とか季節とかの不安定な需給状況に左右されることなく、安定して製造活動を行うことができるようになった。

「物をつくる工場」という視点からではみえてこなかった大きな冷蔵庫の意味と働きが、このような教材化の観点変更によってみえてきたのである。糸井氏は、蒲鉾工場における教材化の視点は工場にではなく、流通機構に求めるべきではないかと提言している。

このレポートは、地域素材の教材化に取りくむわたしたちに数々の知恵を提供してくれる。

地域の素材を教材化するにあたって、学習指導要領の目標・内容に即応するということは、最も基本的な前提である。中学年の地域学習における地域教材と高学年の国土理解や歴史学習、政治学習などにおける地域教材とは、その位置づけが異なってこよう。また、地域の教材は身近にあって、観察や調査や見学が容易であるということは、学習資料としても教材としても願ってもないことであるが、その素材を通して一体何をどのように学ばせようとしているのか、どのような能力や態度を身につけさせようとしているのかが明確でないと、単なる物知りをつくることになりかねない。ここに、社会事象の社会的意味を追求できる教材化をはかる重要さがある。

参考文献

1 文部省『小学校指導書　社会編』学芸図書、一九八九年。
2 中野重人編『改訂小学校学習指導要領の展開　社会科編』明治図書、一九九九年。
3 朝倉隆太郎編著『地域に学ぶ社会科教育』東洋館出版社、一九八九年。
4 次山信男・西町小学校共著『地域素材を生かす社会科単元の開発─地域へ立ち向かう子どもの育成─』東洋館出版社、一九八八年。
5 細谷俊夫他編『新教育学大事典』第一法規、一九九〇年。
6 『現代教育科学』(特集・新学力「関心・意欲・態度」を検討する)〔第四二二号〕明治図書、一九九二年。
7 『社会科教育』三月号臨時増刊〔第三二一号〕明治図書、一九八九年。

第三章　共生の視点にたつ社会科教育

はじめに

「自然にやさしい」とか「環境にやさしい」とかいう、大変耳触りのよい言葉が行き交っている。この言葉は、いままでわたしたち人間が自然や環境にあまりやさしくしてこなかったということの裏返しの表現だと考えることができるのではないだろうか。

自然破壊や環境汚染は、地球の生態系を破壊し、地球規模での人類の生存基盤を脅かしている。「オゾン層の破壊、CO_2濃度の上昇による地球温暖化、酸性雨、熱帯林の減少、砂漠化、野生生物種の絶滅」など、数えあげると限がない。もう待ったなしの状況である。

この四月に環境共生学部を開設したある大学の新聞広告に、次のような宣伝文が載っていた。「自然と共に生きることを忘れた結果、私たちは今、地球環境の危機というかつてない大きな課題に直面しています。二一世紀に求められるのは地球規模の視野と、実社会で役立つ知識と技能を備えた人材です。……」と。環境共生型社会の創造をめざして、この学部は自然環境（自然の保全と持続的な利用）と人間活動（快適で健康な生活の確保）との双方向からのアプローチを試みようとしている。

自然からの反撃にあって、わたしたち人間は自分自身の生存の危機にようやく気づきはじめたのである。「共生」という言葉は、自然や環境と仲良くやっていこうという、人間の側からの呼びかけなのであろう。ではなぜいまごろになって、このようなよびかけをしなければならなくなったのであろうか。

一節　近代社会と科学技術の発展

ところで、このような問題を引きおこした背景ないし要因は何か。近代社会の成立とその発展をあとづけることによって、近代文明の「光」と「闇」の様相を概観し、その背景を点検してみよう。

ルネッサンスに生まれ、啓蒙主義によって完成した近代ヒューマニズムは、人間を神から解放し、個人の自由と理性の力を説いて、人間社会の無限の進歩を約束した。そのような「進歩の思想」を支えたのは、合理性を追究する近代科学と技術のめざましい進歩発展である。

近代文明は「貧困からの解放」「政治的・社会的抑圧からの解放」「精神的解放」をもたらしたが、同時に近代社会の物質的豊かさを現実化し、「人間の欲望の解放」という風潮を瀰漫《びまん》させ、人間中心主義の片寄った世界像を作りあげてしまった。人間の知性はこれまでこの欲望に奉仕してさまざまな発見を行い、技術を開発して、文明を形成してきた。ところが、合理性を追究する分析的知性へのこの傾斜は、さまざまな歪みをもたらした。大量生産、大量消費、大量破棄による自然破壊や環境汚染は、その必然の帰結である。

「快適さ」と「便利さ」という「禁断の木の実」を一度味わってしまったわたしたち現代人は、容易にその呪縛から解放されえない状況にいる。開発と近代化を進めながら、果たして大規模な環境破壊をくいとめることが可能であるか。

共生の思想はこのことをわたしたち人間に突きつけているのである。現代社会に通底しているこの近代主義の残滓の徹底した反省と克服こそ、「共生の視点」の導入の何よりの前提でなければならない。

二節「共生」の意味と視点

「共生」という言葉は、もともと生物生態学の用語で、ヤドカリとイソギンチャクの関係のように「異種の生物が相互に利益を得ながら、あるいは相互の不足を補い合いながら、共に生活すること」をいう。社会学に導入されて、それは「異質的な諸個人が無意識的に競争し協同する関係のなかで共に生活すること」を意味するようになった。思想界では、「人間と自然との共生」「多民族・多文化との共生」「障害者との共生」「男女の共生」等、この言葉はさまざまな文脈で語られている。

さて、自然のメカニズムと人間の経済社会活動との乖離により、わたしたち人間が生活世界を全体としてみる視座を失ったこと、その結果自然や環境への配慮が欠如していったことは、すでに述べたとおりである。平成一〇年度の『建設白書』は、「循環」と「共生」をめざす地域づくりを構想し、そのライフスタイルのモデルを示している。これは、生態学的世界、つまり「自他が融合する共同体への回帰」という共生の視点を提示する。

もう一つの視点は、他者存在との対立緊張を引きうけつつ、そこから豊かな関係性を創出しようとする立場で、排除、隔離および同化、融合から異質性の許容へと進展する。

この二つの視点は、社会科の目標設定においても教材化においても豊かな知恵を提供してくれる。

三節　共生の視点からの目標設定と教材化

共生の視点からいかなる目標が設定されうるか。すでにこの福岡県社会科研究協議会『会報』に、事務局からの提言と各地区会員からの実践報告がなされている。もともとわたしたち福社研協が追究してきた「人間の生き方を問いつづける」という課題は、それとして意識してこなかったかもしれないが、「共生の視点」を含みこんでいた。わたしたちにとって、あまり違和感がないのはそのためである。しかし、そうであるからこそ逆に共生の思想が突きつけている問題に鈍感になる危険性もある。

次に教材化の問題であるが、社会科の学習対象である社会事象のなかで、共生の視点から教材化が容易な領域と比較的遠い距離にある領域とがあるのではないか。このことは、筑後地区社会科研究協議会の「社会科実践研究会」で話題になった。自然や環境問題はのり易い領域であり、歴史事象はなかなか教材化しにくい領域である。共生の視点からどの教材も取り扱おうとすると、その教材化がいびつになってしまう恐れがある。この点は十分に留意すべきことであろう。

参考文献

1　廣松渉他編『岩波　哲学・思想事典』岩波書店、一九九八年。
2　佐島群巳編『環境問題と環境教育』国土社、一九九二年。
3　佐島群巳他編『学校の中での環境問題』国土社、一九九二年。
4　小野庸子、大森修編著『みんなで考える〝共生時代〟の学校づくり』明治図書、一九九六年。
5　中田直『共生教育のすすめ』ミネルヴァ書房、二〇〇〇年。

第四章　社会認識と価値判断の問題

――人間の生き方にせまる社会科学習指導の深化のために――

はじめに

筑後地区社会科研究協議会の研究誌『研究のまとめ』第一号が創刊されることに、県社研協の『会報』編集にかかわってきたものとして、心から祝意を表したい。編集子よりこの創刊号への原稿依頼をうけ、内容選定に苦慮したが、表題のようなテーマで書くことにした。人間の生き方にかかわる「認識形成」と「態度形成」との統合の問題は、社会科教育の中心的課題だと考えたからである。

ご承知のように、ヨーロッパにおいて一九世紀末から二〇世紀の初めにかけて、社会政策学の客観性の問題をめぐって展開された、いわゆる「価値判断論争」は、かたやM・ウェーバーやW・ゾムバルト、かたやG・シュモラーやE・シュプランガーとの間で激しくたたかわされた。ウェーバーは、社会科学からある特定の価値判断を排除することが研究者の任務だとして、存在と当為、経験的知識と実践的価値判断との分離を強くかかげた。それに対して、シュモラーやシュプランガーは社会政策学の倫理性を重視して、一定の世界観、価値観を科学的理論の根底におかざるをえない、と主張した。

この学問論争は、わたしたちの人間の生き方にせまる社会科の授業構成に基本的な問題を投げかけている。以下、二つの問題にしぼって検討することにしたい。

一節　社会事象の複雑さとその認識の客観性の問題

社会科は、社会認識を通して子どもの市民的資質を育成する教科である、といわれてきた。その際、その社会認識は科学的であるということが暗黙の前提であった。認識は客観的・科学的でなければならないという要請は、しごく当然のことのように思われる。それが主観的であったり、恣意的であったりしたのでは、認識の名に値しないからである。ところで、「科学的な」ということが、たとえば「科学的な自然認識」という場合と同じ意味で使用できるかということが、ここでの問題である。

自然認識の対象は「物」(事物・現象)であり、それが物理学的なものであれ、化学的なものであれ、生物学的なものであれ、その事物・現象の変容の過程(「自然事象」)は因果連関において客観的に説明することができる。つまり、自然科学的認識は対象の性質上、真空の実験室的な条件のもとで偶然的・不確定的な諸要因を取り除きながら、自然事象にひそむ因果法則性を明らかにしようとする。

ところが、社会認識の対象である「社会事象」には、人間や集団のさまざまな意欲、価値、規範、イデオロギー、利害などがひしめいている。そういう場で、人間は一定の歴史的・社会的な制約のもとに、社会的な地位や役割をにない、感じ考え、意欲し行動しているのである。このように、社会事象は自然事象とはちがって意味、価値、規範にひたされ、そこにはつねに偶然的・不確定的な要因がはたらいている。そこで、普遍妥当性とか因果法則性とかいった形式的な一般性をめざして、社会事象の客観的認識を求めたのでは、現実の豊かさは見失われ、内容は空虚にならざるをえない。社会認識の場合、単なる事実認識にとどまらず、対象のもつ質的な色彩に即した認識が必要になる。たとえば、附属久留米小学校の社会科部の研究テーマは、「人間の生き方を鋭く見つめる体験的活動」である。時間・空間を軸として限定されたある特定の社会的状況(歴史的・社会的現実)のなかで、ある人間が特定の役割を担って、その役割を遂行していく姿を「現実的側面」と「価値的側面」からとらえさせようとしている。

人間は歴史的・社会的な制約のもとで、そのときどきの現実問題に対し、さまざまな立場から評価し、態度をきめ、意欲し行動することを通して、その役割(使命)を遂行しているのである。現実的なものにひきずられ(制約・拘束され)ながらも、価値実現のために賢明に努力しているのが、現実の人間の姿であろう。そのような人間へのなりかわりにおいて、自我を参与させること(「自我関与」)により、子どもたちに生きた社会認識をえさせようとしているのである。

このようにみてくると、「科学的な社会認識」とはいっても、それが自然認識の場合と様相が異なることは明らかであろう。それは、次に述べる価値判断の問題がからんでくるからである。

二節　価値判断の問題

実践的価値判断にとらわれない自由な研究態度は、社会科学者のとるべき当然の研究態度である。これは数学の公理にも似た、社会科学における「価値からの自由」(「没価値性」ともいう)の原則である。

直接的にせよ、間接的にせよ、科学外の価値判断的要素がまぎれこみ、認識をゆがめ、認識成果の客観性を犠牲にするようなことがあってはならない。社会科学が科学であるためには、価値判断的要素の混入による歪曲をふせぐために、研究の態度と方法のうえで工夫がなされなければならないことは、当然のことである。しかし、問題はそれほど単純なものではない。

価値判断の問題は、作田啓一が語るように、一見して科学以前の問題であり、研究者の態度の問題にすぎないようにみえながら、実は認識の前提となる価値理念、世界観、イデオロギーの域をこえて、深く問題意識、分析視角、使用概念、作業仮説、対象把握の方法と論証の手順、実証結果の解釈や分析、こうしてえられた結論の社会的意義の吟味といった、研究活動の全般にわたってなんらかのかかわりをもっているのである。認識をゆがめ、認識成果の客観性を犠牲にするような主観的あるいは独断的な価値判断的要素は厳しく排除されなければならないが、認識の根底あるいは前提をなす(認識主体の)価値理念、価値判断は、社会科学的認識においては不可欠のものである。

このような社会科学の学問的性格を規定する価値判断の問題は、わたしたちの社会科教育においても重要な意味をもっている。前述のように、社会事象そのものが価値的構造をなしており、その認識は当然その事象に対するある一定の態度決定を含みこまざるをえない。換言すれば、社会認識においては、常に認識の主体である子どもは事象に対する価値観的立場の決定を余儀なくされる。それが認識の基本的前提をなしているからである。人間の生き方を鋭く見つめる子どもの認識視点は、このように実は自分自身の立場を問うことに還帰せざるをえないのである。

参考文献

作田啓一、日高六郎編『社会学のすすめ』筑摩書房、一九六八年。

第五章　社会科教育研究の二つの視点

はじめに

「社会科教育への提言」として、何か書くようにとの要請を受けたのであるが、すでに専門の立場にある人々から多くの有益な提言や研究報告が提出されており、いまさら門外漢のわたしが屋上に屋を架す必要もないように思う。また、すでに語られている以上のことを申しあげる見識も力量も、いまのわたしにはない。

しかし、『会報』の編集委員としてかかわってきた手前（ここ数年、身辺多用のため失礼しているが）、責任の一端は果たさなければならないと覚悟し、筆をとった次第である。およそ提言といえるものではないが、社会科教育の発展のために、なにかのお役に立てばと願い、次のような二つの観点から、所信を述べてみることにしたい。この二つの観点というのは、それぞれ相対立する立場にあるが、最近の教育哲学研究において注目されている方法的視点である。

(1) 分析哲学的視点……ことばを正し整えること
(2) イデオロギー批判的視点……自由と公正と理性が支配する民主的社会の実現

一節　使用することばや概念の厳密化

「ことばを正し整えること」は、なにも社会科教育研究にかぎった問題ではない。およそ研究と称するものが、まず何よりも最初に心がけなければならない基本的な務めなのである。たとえば、学術論文において「概念規定」の問題がいかに厳しく問われていることか。

かつて、わたしたちの訳した『教育科学の基礎概念』(黎明書房)という著作において、著者であるブレツィンカは、教育学において用いられることばや概念が多義的で曖昧であるとし、科学的な教育学の概念構成のためには、そのことばや概念の意味を厳密に分析し、そういう予備的研究作業ののちに、教育学の厳密な概念の再構成がなされなければならない、と説いている。このような研究姿勢・態度・方法は、教育哲学の分野では、一般に分析哲学的立場ないしは方法とよばれている。

ことばや概念の意味内容を厳密に規定し、それに基づいて概念構成を行うことは、あらゆる学問的研究の基本的前提である。このことは、実践的研究においても例外ではない。ところが、学問的な研究であれ実践的なそれであれ、そのいずれにおいても、このことはなかなかうまくいっていないようである。

わたしが所属する学会の機関紙『教育哲学研究』第三二号に、宇佐美寛氏の『「教育哲学」のことば』という、内容のショッキングな提言が掲載された。それによると、『教育哲学研究』に載った論文の多くは、主要概念でさえその内容を規定しないまま使用し、論述を行い、ひとりよがりの主張をしているために、つまらなくて解らないし、教育哲学の論文に値しない、というのである。宇佐美氏は実例をあげてそれを具体的に指摘したものだから、まな板にのせられた論文執筆者はもちろんのこと、それらを教育哲学のすぐれた論文として選定した編集委員会にも大きな衝撃をもたらした。

ところで、論文のこのような「つまらなさ」「解らなさ」は、宇佐美氏によれば、「言語使用のありかたについての無関心、無自覚」に起因している。そこで、氏は《ことばを正し整えること》を、研究者の第一の任務とする。このことは、ことさら指摘されるまでもなく、研究者としては当然の任務なのである。

さて、わたしたちの機関紙『会報』の場合はどうであろうか。なかには、なんど読んでも、正確に意味の理解できない論文や実践報告があることを、あえて率直に申しあげなければならない。一々具体的に事例をあげて指摘することは、ここではさしひかえたいが、ことばの使いかただけでなく、文脈の不整合が見受けられる。また、それらのことばでいい表そうとしている概念内容についての吟味の不徹底さも、指摘されなければならない。

「重箱の隅をほじくるような……」との非難を受けるかも知れないが、それを承知のうえで、あえて一つの事例だけを指摘しておこう。

「子どもたちが主体的に生きる学習の創造」をめざして、昭和五三年度から新たに取りくまれてきた「子どもの問いに支えられた社会科学習」という研究主題は、社会科教育の原点に立ち返るものとして画期的なものであった。わたしが会報の編集に参加しはじめたのが、昭和五五年であったから、この新しいテーマの第三年次に入っていたことになる。ところで、説明を読めばその意図はわかるのだが、このテーマそのものに、表現上の曖昧さがあるのか、何か不自然さが感じられた。というのは、「子どもの問いに支えられた」という修飾部と「社会科学習」という主幹部とがしっくり結びつかないのである。

テーマの主幹部分をなす「社会科学習」の主体は、明らかに「子ども」である。ところが、形容部分の「子どもの問いに支えられ」る主体は、誰であろうか。あるいは、何であろうか。「教師」か、それとも「子ども」か。あるいは、子どもの「学習」のことであろうか。文意から考えれば、「学習」と受けとられるが、論理的には子どもの問いに支えられるのは、「教師」の活動や営み——たとえば、「子どもの問いに支えられた社会科教育」とか「子どもの問いに支えられた社会科学習指導の展開」とか——になるであろう。ところが、「学習」とすれば、子どもの「社会科学習」が「子どもの問いに支えられ」るということになる。「子どもの問いに支えられた〔子どもの〕社会科学習」とは、どういうことであろうか。そこには、他動詞的な構造契機と自動詞的な構造契機との、論理的に矛盾する構成要素が同一単文命題中に同居していて、自家撞着に陥っている。

主題の説明には、「子どもたちが、自らの問いに支えられて、探究心をもって、課題の基本的内容を捉えるとともに、体系的に創造的に、その処理方法を探索し解決していく学習」(傍点筆者)とある。そうであれば、文意をもっと明確に表現するために、少し長くはなるが、たとえば「子どもが自らの問いに支えられて、探究しつづける社会科学習」あるいは「子どもが自ら問い深める社会科学習」と、自動詞的構造に書きかえられなければならないだろう。

しかし、教育の世界においてことばを正し整えるということは、考えられるほどそう簡単なことではない。教育の理論や実践において用いられる多くのことばや概念は、子どもや年少者に対する親や教師や大人たちの希望や期待や願い、よりよく育てようとする実践的課題、その課題を解決するための諸条件などから作りだされた諸観念に彩られている。そこには、教育について語る人の世界観、人生観、道徳的信念、将来への期待や願望がこめられている。そのことばは、ある場合には単に事実をありのままに語り、その情報を相手に伝えようとする形態をとることもあり、またある場合には相手にある事態をうながし、ある願望を表明し、命令をだし、あることを推奨することにも用いられる。前者の場合には、語られていることは、事実か否かの判断を伴うだけであり、ことばがこのような機能(情報提供的機能)を果たすだけならば、ことばを正し整えるということは、そう困難なことではない。ところが、後者の場合のような、ことばの「命令的ないしは指令的機能」がからみあってくると、ことはそう単純ではなくなる。価値判断的要素が事実判断のなかに混入して、事態はかなり複雑になってくる。

さらに、教育のことばは相手にある一定の感情を呼び起こすためにも用いられる。訓戒とか説教とか助言とかの際に用いられることばは、相手の感情に訴えて、望ましいと考えられた行動や態度を取らせようとする働き（説得的機能）をもつ。

教育の世界のことばは、以上のように複雑な機能から成り立っている。それは、もともと教育者のことば、つまり親や教師や大人たちのことばに由来しているために、科学的な言語というよりも日常言語に近い。

そこで、法則的仮説の体系としての科学的な教育の理論を構想するブレツィンカは、教育学のことばを「情報提供的機能」に限定せよ、と提言する。信念や思想や価値判断を教育学のことばに混入させてはならない、というのである。

ことばを正し整えるということが、このように教育学のことばから、信念や思想や価値判断を排除することだとすれば、教育の目的や理想や価値といったものは、一体どこでどのように検討されるのであろうか。また、教育の理論と実践はそれらをどこから手にいれ、それの正当性・妥当性をどのように根拠づけるのであろうか。この問題は、次に述べるイデオロギー批判的視点からの分析ともからみあってくる。

二節　民主的社会の実現――伝統と革新

先日、大学において「城山会」（福岡教育大学同窓会）と大学との連絡協議会が行われた。その席で、同窓会役員の方々

――校長、教頭という管理職者のようであった――から大学に対して色々な要望が提出された。そのなかに、教育大出身の教師に「特定のイデオロギー」を振りかざして、学校運営に協力しないばかりか、反対ばかりしているものがいて困る、との発言があった。また、国旗掲揚や君が代斉唱に反対しているものもいる、との発言もあった。それは、たしかに「特定のイデオロギー」的立場からの一つの態度表明であるだろう。しかし、そのような批判も、違う立場の人からみれば、「特定のイデオロギー」に寄りかかっていると逆批判されるかも知れない。あるいは、わたしは「中立」の立場をとっているという主張も、「中立」という立場の表明であってみれば、イデオロギー性、思想性を内包しない教育理念や教育信念は存在しないと考えることもできる。

さて、ここで問題にしようとする「イデオロギー批判的視点」というのは、西ドイツの教育科学の学問性をめぐる論争において、一九七〇年代に一般に「批判的教育学」と呼ばれている立場の教育学者たちによって主唱された問題設定と方法のことである。この立場を代表するひとり、西ドイツの代表的教育学者W・クラフキー教授は、この「イデオロギー批判的方法視点」――教育の意識や観念のイデオロギー批判的分析――を、社会批判的方法視点そのものではないが、それの主要な分析視点とみなしている。

《注記》

「社会批判的方法視点」についての説明は省略する。また、「特定のイデオロギー」という場合のイデオロギー概念と「イデオロギー批判」のイデオロギー概念とは区別されなければならない。前者は、たとえば労働者階級の「階級意識」をさすが、後者は、もっと広くある価値観念によってある社会的な支配関係や利害状況を隠蔽しようとする「虚偽意識」のことである。

ところで、「社会批判的」とか「イデオロギー批判的」とかいいだすと、ただちにそれをマルクス主義と結びつけて拒絶反応を示す人がいるかもしれないが、事態はそう単純なものではない。たしかに、この立場はマルクス主義的社会分析から強い刺激をうけてはいるが、それを一種のドグマとして教条主義的に引き継ぐのではなく、開かれた問い・問題設定・一般的な科学的仮説として受け容れることによって、俗流マルクス主義には陥っていないのである。たとえば、イデオロギー批判的問題設定と方法は、自由と公正と理性が支配する民主的社会を実現しようとする実践的認識関心によって貫かれている。これはまた、わたしたちの社会科教育が究極的にめざしている課題であろう。そこでこの立場は、分析哲学的立場とは違って、人間の思想や行動、生活様式、制度、さらには科学的な研究(その問いや方法のあり方、成果)にいたるまで、あらゆる種類の文化的所産が、――社会科教育の事例でいえば、歴史的社会的な事実や事象が――その時々の政治的・経済的・社会的関係や社会的利害、支配・従属関係、強制あるいは機会などによって規定されているという一般的仮説を立てる。そして、この仮説を前提にして、社会体制内で支配的な教育理念や教育思想をすべて「イデオロギー」、すなわち「虚偽意識」として批判的に把握し、それらの虚偽性や欺まん性を暴露することを主要な学問的課題としている。さらに、この立場は単に理論的批判にとどまることなく、民主的社会の実現をめざして、社会体制そのものの実践的改革を志向している。さて、このようなイデオロギー批判的方法視点は、わたしたちの社会科教育研究にいかなる示唆を与えてくれるだろうか。

社会科教育が子どもの学習の対象としてきた歴史的社会的な事実や事象は、単なる事実・事象として人間の生の営みから離れてそこにあるのではなく、まさしく人間の生の営みの表現にほかならないのである。人間の願いや悩みがこれらの事実や事象の間に見え隠れするのではなく、事実や事象は自然や社会と関わり、格闘してきた人間の願いや悩みの表出そのものとみるのが妥当ではないだろうか。当然、そこにはイデオロギーも含まれているだろう。なぜこのようなことを申しあげるかというと、社会的な「事実認識」と生き方に関わる「態度形成」とをまず二分化して考え、あとでそれらを結びつけようとする二元論的な考え方が支配的ではないかと危惧するからである。たとえば、江渕氏の論文(『会報』第二七巻第二号)に、社会科の二つのねらいとして、「科学的認識」と「哲学的認識」とがあげられているが、これらは社会科の二つの側面として一応分析的にあげてあるのであって、価値的・哲学的認識視点をぬきにした純粋客観的・科学的認識は成り立たないと考えるのが至当であろう。歴史的社会的な事実や事象というものが、本来そのような構造をもっているのである。「人間の生き方をさぐりつづける」ということに現在の研究主題の目標を定めた意図も、ここにあるとわたしは受けとめている。

このように事実や事象をとらえてきた場合、それらがはらんでいるイデオロギー性を分析し明らかにしていくことは、科学的な社会認識力を育てるうえからも、避けて通ることはできないであろう。人間らしい生き方をさぐりつづけていくとき、それを隠蔽したり妨げたりするものに対して批判的になるのは、当然のことであろう。このような方法視点も、社会科学習の創造のために配慮されることを願って筆をおく。

参考文献

1　宇佐美寛「『教育哲学』のことば」教育哲学会編『教育哲学研究』第三二号、一九七五年。
2　シェフラー『教育のことば』(村井実監訳)東洋館出版社、一九八一年。
3　ブレツィンカ『教育科学の基礎概念』(小笠原他訳)黎明書房、一九八〇年。
4　クラフキー『批判的・構成的教育科学』(小笠原監訳)黎明書房、一九八四年。

第六章　みんなが生き生きと響きあう学級づくり

——学級経営の中核・基底をなす学級活動を通して——

はじめに

先日、研究発表会を終えたばかりのある小学校の校長さんが述懐したこと、「授業がうまくいくためには、日ごろの学級経営がちゃんとできていないと駄目ですね」と。授業は教師と子どもとが協同して教材の学習に取りくむ活動、いわば子どもの学習活動と教師の支援活動との総合であるが、子どもが活発に活動し、意欲的に課題に取りくむ学習の姿は、教師の小手先の指導技術だけでは創造しえないものである。日ごろ、どのような学級づくりに取りくんでいるかが、授業の生死を決するといっても過言ではない。

昨年（一九九二年）の一一月、筑後市教育委員会の研究指定・委嘱を受けて三か年間の研究に取りくんだ古川小学校の研究発表会に参加する機会をえた。そしてそのとき、わたしが講演した演題は、この小学校の研究主題をもじって、「みんなが生き生きと響きあう学級づくり」とした。これは、担任する学級が決まったとき、どの教師も初めに心にいだく願望ではないだろうか。「どの子も生きよ」とは、教師の切なる願いである。

一節　学級経営の領域と課題

かなりむかしの話になるが、一九二〇年アメリカで、授業を失敗させる要因についての研究がなされた。それによると、三つの要因があげられている。

(1) 子どもの人間関係のゆがみないしひずみ
(2) 施設、設備の不備
(3) 教師のパーソナリティにおけるなんらかの欠陥

第一の要因は学級の集団経営に関するもの(人的要因)で、第二は教室経営の問題(物的要因)、第三は教師的要因である。第三の要因は、教師の資質・能力・性格等にかかわる問題で、これは自主的であれ、義務的であれ、いろいろな場におけるさまざまな研修において解決されるべき問題であろう。第一と第二の要因が、いわゆる「学級経営」に属する問題である。七〇年ほど前の研究において、すでに授業の成否と学級経営との密接なつながりが指摘されていたのである。

さて、新年度当初に学級担任が決まると、先生たちがまず最初にとりかからなければならないのが「学級経営案」の作成である。それは、学級の実態をふまえて、学校の教育目標を学級の次元で効果的に達成していくための具体的な構想である。まず学級の目標を設定し、それを教科学習指導、道徳指導、特別活動指導、生徒指導、教室環境、学級事務、家庭との連絡などの面で具体化していく。この案は、もちろん年度当初の机上での立案ゆえに、実施の過程で適宜評価を行い、つねに改善されていかなければならないものである。

ところで、どんな仕事があるか、ここで整理してみよう。

(1) 学級における教育課程に関する事項

学級の教育目標の設定、学級経営計画の立案、学級組織の編成、学級での教科学習・道徳指導・特別活動の効果的な運営、学級教育の評価と経営の改善など。

(2) 学級における教室環境に関する事項

教室環境の構成と整備、教室外の学習環境の設定など。

(3) 学級における集団経営に関する事項

児童生徒理解、教師のリーダーシップ、学級の雰囲気と人間関係、学級集団づくり、教師と子どもの人間関係、生徒指導・教育相談など。

(4) 学級におけるその他の経営事項

家庭や地域との連携、広報活動、学年の連絡調整、学級事務など。

このように整理してくると、毎時間毎時間の授業の準備と実践におわれて精一杯なのに、そのほかに学級担任の仕事として、気の遠くなるような経営活動の内容が含まれていることがわかる。

学級を中心とする教師の主な日常活動は、このように教育・教授活動と経営活動とが考えられるが、さきにもみたように、経営活動が授業を失敗させる要因に大きくかかわっている以上、わたしたちは学級経営の面から授業を渋滞させる要因の除去に取りくまなければならないだろう。もちろん学級は、授業の能率化・効率化のためにのみ組織された集団ではない。子どもたちは学級を場として友だちや教師と交わりながら、人間関係を学び、また自己を発見し、人格形成をすすめていくのである。

二節　学級づくり論の展開

戦後、一九五六、五七年頃を境にして、生活綴方教育運動が新しい装いをもって復興する。無着成恭の『山びこ学校』は、この運動の中心をなした。小西健二郎の『学級革命』（一九五三年）は、このような生活綴方教育の立場から学級づくり論を展開したもので、当時の教育界に大きな反響をよびおこした。

この立場の学級づくり論は、学級を生きた子どもの集団としてとらえ、その集団そのものの質的発展を生みだすことを課題とした。そして、方法的に次の三つの段階によって、「仲間づくり」をめざしたのである。

(1) なんでもいえる情緒的雰囲気をつくる。
(2) 生活を綴る営みを通して、一人ひとりの子どもの真実を発言させる。
(3) 一人の問題意識をみんなの問題にする仲間意識を確立する。

支持的受容的な集団風土、集団モラールの醸成など、今日わたしたちが学級づくりにおいて重視している事柄への取りくみが、すでに戦後の生活綴方運動の教育実践においてなされていたのである。

ところで今日、学級づくり論には、見解を異にする二つの立場がある。一つは、集団主義教育的学級づくり論であり、もう一つは社会学的学習集団づくり論である。

前者は、大西忠治の『班のある学級』(一九六四年)に典型的に代表される全国生活指導研究協議会(全生研)の立場である。それは、学級を自主的・自治的集団として完成させることで、民主的な自活能力を身につけた子どもを育てるという目標をもつ。つまり、この立場は「学級の子どもたちに、意図的計画的に集団主義的経験をあたえることによって、一人ひとりの子どもに、団結と連帯、協力と相互援助の思想と行動様式を教育し、もって人格の全面発達をはかること」をめざしている。そして、集団の教育力に着目して、集団そのものを教師のはたらきかけによって目的意識的に組織化していこうとする。そして、

(1) 班づくり(班の編成、日直、班活動、班長会、班競争、班替え)
(2) 核づくり(核の予想、発見、核の育成、活動家集団の拡大)
(3) 討議づくり(点検、追求、賞罰、追放、集団決定、世論の組織化)

の三つの側面が統一的に進められることによって、学級集団の段階的な質的発展が企図される。

ところで、この学級づくりにはいくつかの問題点が指摘されている。

たとえば、班競争を強いる結果、優秀班とボロ班とを区別するシステムができあがる。ボロ班の班長と班員は、そうなった原因を点検させられる。弱者は批判にさらされる。当の現場にいたある教師は「点検・追求・批判・班競争の連結する学級では、過度の不安と危機感が溢れ、そのため教育的な本質を見失うことにもなる」と嘆いている。こ

のような現象は、この立場の人たちからすれば本意ではないかもしれないが、子どもの傾向性と実情を軽視して方法主義・技術主義に流れると、こんなぶざまな学級づくりに陥ってしまう。心ある教師は、より慎重に取りくまなければならないであろう。

もう一つの立場は、社会学的学習集団づくり論である。片岡徳雄編著『個を生かす集団づくり』(一九七六年)は、この立場の学級づくり論を鮮明にしている。また、同氏の編著『集団主義教育の批判』は、集団主義教育の理論と実践を批判的に分析・検討したものであり、したがって集団主義的学級づくり論とは対立的な立場にあると考えてよいであろう。

この立場は、人間関係の相互作用やコミュニケーションを重視し、学級集団を準拠集団化することによって、知的さらには社会的な学習を促進することをめざしている。学級集団を準拠集団化するということは、子どもたちにとって学級が愛着の対象、心のよりどころ、態度や行動の支えとなるような集団になることである。

次の三局面が、方法として考えられている。

(1) 仕組みづくり

集団生活で必要な役割やルールを身につけさせるために、さまざまな係り活動に全員参加させる。子どもたちは自主的かつ協力的な活動を進める。

(2) よりどころづくり

学級が居心地がよく、行動の規準となる集団になる。そのために、学級が許容的で支持的な雰囲気にならなければならない。

(3)　値打ちづくり

学級に対する愛着を基盤にし、集団規範を内面化しながら、自己を実現できる方向を発見する。

教育的に重要な局面は最後の「値打ちづくり」であるが、その前提条件が「よりどころづくり」である。この局面は学級経営の、とりわけ集団経営の重要な課題をなしている。

今日よくつかわれている「支持的風土」という言葉は、この立場の専売特許の観を呈しているが、もともとギッブという人が学級集団での学習を最大限にする風土として、「防衛的風土」に対して用いた用語である。

支持的風土とは、教師自身が子どもたちをまず受容し、かれらの意見に耳を傾け、その根底にある感情を理解しようとするときに生まれる風土である。そこには、信頼を基盤にした集団的雰囲気が醸成される。子どもたちの側には、相手の身になって考える、相手の考えや行いのなかに長所を探す、相手の間違いや逸脱を笑ったり馬鹿にしたりしない、そのような態度が育成される。

ところで、みんなが生き生きと響きあう学級づくりのために、わたしたちは右に述べてきた諸立場の長所と短所をよく吟味し、問題点には十分に注意をはらいながら、そのよさを取り入れなければならない。

三節　学級経営の中核としての学級活動

さて、前置きが長くなってしまったが、学級経営の中核・基底をなす学級活動という問題を考えていく際に、まず最初に問題になることは、学級経営と学級活動との関係である。

学級経営は各教科、道徳および特別活動のような領域概念ではない。つまり、学級経営は教科、道徳および特別活動のように、「学級経営の時間」として、週時間割のどこにもセットされていない。それはインフォーマルなものであり、随時随所で行われるものであって、学級教育のあらゆる領域で機能しているものである。極端ないいかたをすれば、子どもたちが朝登校して校門を入ったときから、朝の会、授業時間、休みの時間、掃除・給食の時間、帰りの会をへて下校するまで、子どもたちが学校にいる間はすべて学級経営の範囲内にある。学級経営は各教科、道徳および特別活動の教育課程から、教育課程外の、いわゆる「隠れたカリキュラム」まで含めて、あらゆる領域に浸透して機能しているのである。

次に、学級活動の特質と位置関係を検討しておこう。学級活動は、特別活動のなかで中核的機能を果たし、基礎的・基底的役割を果たす場として位置づけられる。それは、学級を母胎として、学級に所属する全児童生徒によって組織され、学級担任の適切かつきめ細かな指導や助言によって、学級生活をより充実し、より意義あるものとしていく学習活動である。そして学級活動は、他の三つの内容、つまり児童会・生徒会活動、クラブ活動、学校行事と比較して、児童生徒の学校生活の単位・基礎としての学級集団を、その活動の主要基地としており、そこでの自発的、自治的活動の成果が、他の三つの活動内容にも極めて大きな影響を及ぼすものである。

さらに、学級活動は特別活動の下位の領域であるが、学級経営という観点からみれば、学校教育のあらゆる領域の中核に位置するものと考えることができる。それを扇にたとえれば、学級活動はその要(かなめ)の役割を果たすものと位置づけることができるであろう。

以上述べてきたことを、一応次のように整理しておきたい。

(1) 学級経営は、学校教育の機能概念であるから、学校教育のあらゆる領域で機能している。
(2) 学級活動は、学校教育の領域の一つである特別活動のさらに下位の領域である。しかも、それは学級経営の中心となる領域である。
(3) 学級経営は、あらゆる時間、あらゆる領域で機能しているが、学級活動はそのような学級経営機能を補充・深化・統合する領域である。
(4) 学級活動は、その特質から考えて、学級経営機能のなかで、特に学級における集団経営の役割を担っている。

四節　統合された学級活動

古川小学校の研究は、学級活動を学級経営の基礎として位置づけ、その取りくみを通して、みんなが生き生きと響きあう特別活動の創造をめざしたものであった。子どもたちの伸び伸びとした活動への取りくみを参観して、研究とその実践の成果がよく現れていると感心させられた。

今回の学習指導要領の改訂で、特別活動領域では、新たに「学級活動」が新設された。もちろん、全くの新設ではなくて、旧指導要領の学級会活動と学級指導とが統合されたものである。学校や児童の実態に応じて弾力的に指導が行われるように、との配慮からであるが、どのように統合するか、教育現場にはいくらかの戸惑いがあった。というのは、学級会活動は児童の自主的・自発的活動で、児童が主体となる自治的活動であり、学級指導は教師が計画的に指導するもので、教師が主体となって進める生徒指導のひとつだからである。それぞれの特質を生かしながら、どのように組み合わせるか、いくつかの試案も提示され実践されたが、まだまだ問題を残している。

古川小学校の研究は、この統合問題に果敢に取りくんだものであった。旧来の「学級指導」と「学級会活動」とが有機的に結合され、その点先駆的な実践研究と評価してよいのではなかろうか。ちなみに、高田教諭の第二学年の学級活動の指導の実際を例にとり検討してみよう。

題材は「冬のけんこう」である。事前に一年生のときの月別風邪罹災日数調べがなされている。本時はその資料の検討から、冬にかかりやすい病気について話し合い、「かぜにまけない元気な子どもになろう」というめあてが設定される。そして、風邪の予防法とみんなでできる運動についての話し合いがなされる。この段階では、ミニ学級会形式で運動種目と実施方法についての話し合いがなされる。最後には、教師により、もうひとつの風邪の予防法「うがい」についての指導がなされた。

話し合い活動には、学級会活動的話し合いと学級指導的話し合いとが考えられよう。資料の検討から本時学習のめあてをつかませる導入の段階の話し合い、および風邪の予防法についての話し合いは、後者の方式である。それに対して、みんなでできる運動についての話し合いは、前者の方式である。学級指導的話し合いの方式にウェイトがかかっているのは、第二学年という発達段階を考慮すれば首肯される。これは、教師中心の活動から児童中心の活動への「学級活動の段階的展開」という古川小学校の研究構想にある。そこには、「まだ十分な自治的・自発的能力の育っていない低学年においては、話し合いの場においても教師の出番を作り、議題を選択したり原案を作ったり、話し合いの方向を示したり等、……」とおさえられている。きわめて妥当な考えである。

五節　学級づくりに生かす学級活動

もともと学級という集団は、教科の授業を効果的効率的に行うために、同学年の児童生徒を人為的に編成した集団であった。今日では、児童生徒の自主的な集団活動による自己形成という、集団活動の教育的意義が認識され、学級集団のもつ意義が見直されるようになった。そして、子どもは本来的に自分自身や自分の所属する学級集団を、よりよいものにしたいと願う存在であり、このような願いにもとづく自主的な活動を、教師は適切な指導のもとに助長することが強調されてきた。さらには、学級生活において生じるさまざまな問題についても、子どもたち自身が協力して解決を図り、よりよい集団を築いていくことによって、集団成員としての自覚を深め、健全な生活態度を育てていくことが期待されるようになった。特別活動が教育課程に位置づけられた意味は、この点にあるといってよい。

ところで学級活動には、学級生活の充実と向上を図ることと健全な生活態度の育成に資することの二つの活動内容が示されている。この学級活動の特質として、宇留田敬一は次の三つをあげている。

(1)　学級活動は、学級生活を基盤に、集団全員に集団成員としての望ましい資質や能力・態度を育てる活動である。

(2)　児童生徒が自分自身や学級集団のかかえる諸問題の解決を通して、児童生徒が自己指導力を養っていく活動である。

(3)　学級活動は、教師と児童生徒および学級の児童生徒相互間に、「互いに信頼し励ましあって、ともどもに自他を伸ばしていく人間関係」を築いていく活動である。

学級活動は学級づくりの最も中心的な役割をになっている活動である。「みんなが生き生きと響きあう学級づくり」は、あらゆる時間、あらゆる領域で機能している学級経営を補充・深化・統合する学級活動に大いにおっているのである。

参考文献

1 文部省『小学校指導書　特別活動編』東山書房、一九八九年。
2 文部省『中学校指導書　特別活動編』ぎょうせい、一九八九年。
3 高橋、宇留田、杉田編『改訂中学校学習指導要領の展開　特別活動編』明治図書、一九八九年。
4 細谷、奥田、河野編『教育学大事典』第一法規、一九七八年。
5 宇留田敬一編著『特別活動の基礎理論と実践』明治図書、一九九二年。
6 宇留田敬一著『学級活動の理論と展開』(特別活動全書1) 明治図書、一九九二年。
7 宮坂哲文編『集団主義教育の本質』明治図書、一九六四年。
8 片岡徳雄編著『集団主義教育の批判』黎明書房、一九七五年。
9 片岡徳雄編著『個を生かす集団づくり』黎明書房、一九七六年。

第三部　道徳教育の展望

第一章　道徳教育の基本問題

はじめに

道徳の授業や指導に実際にたずさわっている教師たちの口から、道徳教育は本当に難しい、というためいきともあきらめともとれるつぶやきの声をよく聞かされる。難しいのはなにも道徳の授業に限ったことではなく、他の諸教科の授業だって容易なものではない。総じて教育そのものが厳粛で、困難な人間的営為であるはずである。それなのに、特に道徳教育に関してそのような声がもれることには、それなりの理由があるのだろう。その声は、あるいは道徳教育の本質にかかわる問いかけであるのかもしれない。かつて、プラトンが『メノン』篇において、徳は教えうるか、という問いを提出して道徳教育の可能性を吟味したように。あるいはまた、その声は道徳教育の目標・内容・方法および評価にかかわっているのかもしれない。道徳教育が単に子どもの認知・認識の発達にかかわるだけでなく、かれらの道徳的価値意識の形成に積極的にかかわる以上、その事情はかなり複雑な様相を呈してくる。たとえば、目標・内容の方向性に関して全く相反する考えや立場が現れてくる。極端な場合には、道徳教育そのものを否定する立場も登場する。

さて、この章は道徳教育の実践の諸困難に対して、その隘路を打開し、その進むべき道の具体的な処方箋を呈示しようとするものではない。むしろ、実践の前提となる諸問題のいくつかをとりだし、それについて整理をし、わたしなりに道徳教育の課題といえるものを提案しようとするものである。まずその第一の課題は、道徳教育の位置づけの問題であろう。いかなる道徳教育観をもつかということは、すぐれて道徳教育の実践的前提をなすからである。

一節　道徳教育の位置づけ

1　道徳教育観の対立をめぐって

昭和三三年に「道徳」の時間が特設されてからはじめて、文部省は昭和五八年四月、全国的な規模での公立小・中学校における道徳教育の現状調査をおこなった。文部省はこの調査をきっかけにして、学校における道徳教育の充実と活性化をねらったようだが、それに対して日教組は「押しつけ道徳教育の強化策」だと反発している、と当時の朝日新聞は報じている。

道徳教育をめぐるこの対立の構図は、戦後の文教政策において政権保守政党および文部省が「愛国心」を中核とする徳育強化をうちだして以来の根深いものであり、とりわけ「道徳」の時間特設の是非をめぐるはげしい論争以来顕著になった。それは、藤田昌士が指摘しているように、単に「道徳」の時間による道徳教育は有効か否かという方法的次元にとどまらず、国家は道徳教育の主宰者たりうるかという問題、つまり国家(公権力)と道徳教育との関係、また公教育機関としての学校における道徳教育の目標をなにに求めるかといった問題など、より基本的本質的な論点を含むものであった。

道徳教育論議がこのような基本的な論点を含んでいるにもかかわらず、いわれているように、「修身」の復活を警戒するあまり、道徳教育に対して全面否定的な態度をとり、これを正面にすえて議論することをしないならば、それはその意図に反して結果的には、道徳教育の政治主義化を許すことになりかねない。政治主義的道徳教育論議は、それがいずれの側からなされるものであれ、教育論的立場からは批判されなければならない。

さて、このようなアクチュアルな道徳教育の問題状況をまえにして、われわれはどのような道徳教育の課題を設定しうるか。その第一は、このような道徳教育観の対立に直面して、そのいずれかの側に与するにせよしないにせよ、まずわれわれ自身の道徳教育観を確立していくことであろう。そうしなければ、われわれの教育実践はいつのまにか他の諸勢力のなかにくみこまれ、それに利用されかねないからである。

文部省の道徳教育実施状況調査によれば、道徳教育の全体計画・年間指導計画作成に関しても、道徳の授業時間確保に関しても、その結果は予想したよりもはるかに高い比率を示している。これは教育行政側からの調査であるから、その結果はかなり差し引いてみつもらなければならないであろう。この結果をふまえて、文部省は道徳教育の充実徹底を求めて、初中局長名の通達をだした。しかし、真に問題なのは、道徳授業・道徳教育の実態である。

わたしの「道徳教育の研究」の受講学生へのアンケートによれば、その多くは教育テレビの番組を視聴させて、その感想をノートに書かせる、副読本を読ませて主要登場人物の考えかた・態度・行動について話しあわせる、といった類いのものであった。既成品の題材をそのまま無批判的に授業でとりあげていったため、その授業は定型化し、結論はそのはじめにすでにわかってしまうような、無味乾燥なものになってしまっている。ある学生は「先生の誘導によって視点は固定されていた」と答えている。そして、授業の終わりには、教師の押しつけがましい道徳的結論が用意されていたのである。このような授業は、徳目主義的道徳授業と批判されてもしかたあるまい。ところで、われわれは授業が定型化していっただけではなく、その前に資料や題材の内容が定型的だったことに気づかなければならない。藤田昌士の指摘をまつまでもなく、指導資料の内容のわざとらしさ、リアリティのなさのなんと多いことか。それでは、子どもの生活現実に食いこんではいかないのである。そこで、資料批判は道徳授業の基本的前提でなければならない。

わたしはこの定型化をおそれるのである。内容や方法の定型化の原因はどこに求められるか。その一因は、この授業をとおしてどのような子どもに育てあげようとしているかという、いわゆる道徳教育の目標観念に対する自覚の欠如、あるいは場合によっては、特定の目標観念への一面的な固定化にあるのではないだろうか。だとすれば、道徳教育観確立の第一の仕事は、道徳教育の目標観念を明確にしていくことであろう。それは、道徳をどうとらえるかということと必然的に結びあっている。この問題を、以下いくらか原理的に検討していきたい。

2 社会規範としての道徳

教育の機能を社会学的な視点からみた場合、それは社会や集団の構成員の、その「社会への編入」の過程であり、成員の側からみれば、「社会への適応」の過程である。現代の社会学の用語で表現すれば、それは「社会化」の過程といえるだろう。ところが、自主的・自律的な子どもの育成をめざす道徳教育の観点からみると、この教育機能は少なからざる問題性を含んでいる。

ボルノウが語っているように、子どもの道徳的な発達の最初の段階は、当然のことながら集団的な道徳という共通の媒質のなかでおこなわれる。この集団的な道徳とは、社会のなかで生きている道徳的な解釈や態度のこと、つまり道徳的規範を意味している。それは、デューイが『倫理学』のなかで、「慣習的道徳」として規定しているものである。

デューイによれば、慣習的道徳とは社会の伝統・慣習や既成制度への適応をこととする道徳であり、行為の尺度や規則のありかたを、祖先伝来の習慣におく。これはまた、シュプランガーが超個人的妥当性をもった生活秩序であり、国民道徳・階級道徳・家庭道徳などのように、集団的に適用する価値判断の総体概念と規定した「社会的ないしは集団的道徳」のことである。

ある時代ある社会には、その時代や社会にふさわしい道徳があり、他の時代他の社会には、またそれにふさわしい道徳がある。それに合致する考えかたや行為は「善」とされ、合致しない考えかたや行為は「悪」とされる。このように道徳をとらえると、そこに「社会規範としての道徳」が成立する。それは、先にふれた「慣習的道徳」であり、また「集団的道徳」のことである。この意味で道徳とは、社会関係を維持するための、客観化され固定化された行動の規範およびそれへの適応といえるだろう。

それでは、規範とはなにか。社会や集団には、その成員たちが行動において追求すべき目標に関する多かれ少なかれ「望ましさ」の序列があり、またその目標実現のためにとる行動様式に関しても、積極的であれ(しなければならない)、否定的であれ(してはならない)、ある種の価値づけがある。このように、社会または集団の成員がその行動において同調しなければならない価値規準を「規範」という。

人びとの規範に対する過不足は、賞罰力によって拘束され、価値規準を現実に実行すべきことを要求する力が規範に内在している。したがって、規範は単なる価値観念にとどまらず、現実的な賞讃・非難・制止・懲罰力などの拘束力によって、その価値を現実化すべき保障を本質的にそなえているのである。

右に述べたような、当該の社会ないしは集団の価値や規範を受けつぎ、内面化する過程が「社会化」とよばれている。社会化とは、いいかえれば「社会的な編入・刻印の過程」である。このような過程を通じて、子どもたちはその社会や集団の規範構造のなかへくみいれられ、社会的な役割期待へ適応し、集団的道徳を身につける。他面からみれば、このような過程を通じて、社会や集団は子どもたちに適応を強要する。ボルノウが語っているように、適応こそ摩擦のない社会の存続を生みだすからである。これは同時に、不愉快さから身を守ろうとする個人にとって、賢明さの規則にも同時にかなっている。ここから、社会化の過程においてそのような適応をめざす教育の課題が生まれるのである。

社会への適応あるいは編入は、むかしから教育の不可欠の目標であった。しかし、それは唯一の、あるいは究極的な教育の目標となりうるだろうか。適応への教育を極端にすすめていけば、従順な服従者を育てることはできても、自立した人間を生みだすことはできないのではないか。

社会への適応が最高の価値とされるとき、恣意や錯誤に戸が開かれることになる。個人の価値や使命を、有害な霧で覆うところの社会の神話があらわれる。その根底にあるのが、「全体は部分に優先する」という誤解されたアリストテレスの命題である。社会にのみ高い価値が与えられると、その結果として、個人は社会という全体性の秩序のなかでしか意味をもたない単なる部分になってしまう。しかし、ブレツィンカも述べているように、すべての人間には固有の価値があり、それは決してかれから奪いとって社会や集団に譲り渡すことのできないものなのである。この社会とか集団とかへの奉仕に絶対的優位を認容するものは、真理を弱め、自由を追放し、正義を拒否し、より深い根拠から生きている人びとを迫害する。そこには、全体主義への危険が伏在している。「民族」を社会の最も完全な形式として、それに最高の価値をおいたナチス・ドイツや戦前のわが国の国家主義的教育がその最もよい例である。そのような轍は、二度とふんではならないのである。

社会は絶えず変化・流動している。したがって、われわれは今日確定的な拘束力のある規範を提示することができなくなってきている。そしてまた、子どもたちは今日善と悪との混在している社会のなかに入っていかなければならない。そこには、無数の争いや個人的な決断を迫る問題が待ちかまえている。その場合、巧みに適応する能力よりも、強力な誘惑に抵抗する勇気の方がより重要になる。この勇気を奮いおこすことができるのは、社会や集団にいかなる究極的価値も求めない人のみである。

3　適応への抵抗

ボルノウが語っているように、道徳的な規則は必然的であり、われわれはそれにしたがうことによって、秩序ある人間の共同生活がはじめて可能になる。この土台のうえにのみ、後の発達段階において、支配的な道徳の要請に反抗する資格に導く諸状況が生まれてくる。それゆえに、ここから教育は始まらなければならない。

発達的視点からみれば、子どもたちは集団的道徳という共通の媒質のなかで育っていく。かれらは道徳的な直観をまったく反省することもなく周囲から受けとり、それをきわめて無意識のうちに自分のものにし、一般に気づかれないうちにそれを見習い、まったく無意識に自分の周囲の模範像のまねをする。集団的媒質が、このように教育的な作用をおよぼすのである。このようにして、社会化の機能はともすれば個々人を一方的に既存の社会秩序に適応することを要求する。このことによって、従順な服従者を育てていく。それでは、社会の進歩も発展も望めない。硬直した世界が持続するだけである。

社会や集団が秩序維持にのみ固執せず、進歩・発展を望むならば、たとえそれが苦痛であろうとも、みずからの内に批判者を抱えこまなければならない。子どもたちが青年期に達すると、やがてかれらの内部に、集団的道徳に対する疑念が生まれてくる。その正当性に対する疑問が生まれ、それと対立するようになる。それは、かれらが独立した者となり、自分の意見や決断にしたがって正しいと考えたことをおこなおうとする態度が育ってきたことを意味する。

規則に反する個人の態度が伝来の秩序を疑問に思い、支配的な観点より定められた軌道から外れて、新しい可能性を示すときはじめて進歩が生まれることができる、とはボルノウの考えである。ところが、このような逸脱行動に対しては、社会の側からさまざまなしかたで制裁が加えられる。社会の規範にそむくことは危険である。支配的な道徳にそむく者は、軽蔑・迫害・追及といった社会の抵抗にあい、それに抗して自己主張をつづけなければならない。そういう厳しい状況に立たされる。この厳しい状況が、かれが軽率な動機から支配的な道徳にそむいたのか、それともそれが真剣な意志にもとづく行為なのかを吟味する試金石になる。それと同時に、ボルノウもいっているように、それが正しい道徳秩序を犯した者として非難されるべきなのか、それとも独自の発展を望む生命が、ずっとむかしに不当なものとなった拘束的な障害を突き破ったものと認めるべきものなのか、という困難な決定のまえに、われわれ教師は立たされることになる。

ともあれ、道徳教育が自由で、成人した、自主的に決断できる自律的な人間の育成、つまり単に集団的な道徳の要請に対して忠実であるだけの人間ではなく、集団的な影響から独立して、場合によっては生じるかもしれない諸困難をものともせず、ただ内面の良心の声にしたがう道徳的人格の育成をめざしているとすれば、「適応への抵抗」はこのような道徳教育の重要な指標となる。

4 自律的な人間の育成

文部省の道徳教育推進とはちがった方向で、しかもそれに批判的に、道徳教育問題に積極的に取りくんできた民間教育団体・教育科学研究会の「道徳と教育部会」は、その部会の発足以来「自主的な子どもをどう育てるか」を研究の中心テーマとしている。この研究会の理論的指導者であった勝田守一は、対立する価値の比較や選択が自主的におこなわれるところに道徳が成立するという基本的理解に立って、子どもが自己の責任において、自主的に一定の価値を選択する（判断する）能力を育てることを、道徳教育の固有の課題とする。

ボルノウもまた、自由で、成人した、自主的に決断できる人間の育成を、道徳教育のめざす本質的課題とみる。そのための条件として、(1)善悪に対する独立した独自の判断の形成、判断能力への教育、(2)正しいと認めたものへの自己投入、の二つをあげている。

勝田の場合、自主的に判断する能力を育てるためには、子どもたちが自由に判断するという環境がつくられなければならない、それは学校でできる仕事だ、と強調される。ボルノウも同様に、子どもが判断することを学ぶ機会、他の影響を受けない独自な批判的な判断形成、という完全な意味で判断することを学ぶ機会を学校や授業でつくってやらなければならないと主張する。ところが、このような環境や機会は、定型化した道徳授業では生まれないのである。

二節　道徳的価値の矛盾

道徳教育観確立の第二の仕事は、道徳的価値内容の批判的吟味である。そのことは、道徳授業の定型化をふせぐ一つの方途でもある。

1　「生命の尊重」ということ

小学校の学習指導要領道徳の内容に、「生命の尊重」と「動植物の愛護」という道徳的価値内容がかかげてある。この道徳的価値内容を、「浦島太郎」の昔話を素材にして少し検討してみたい。

ある本に、人間のおこなう善行とは、浦島太郎の行為のようなものだと書いてあった。浦島太郎は子どもたちにいじめられていた亀を助けてやった憐れみ深い人である。かれはその善行のゆえに、竜宮城に招かれて乙姫さまをはじめ、タイやヒラメなどから歓待されて、そのもてなしに時の移るのを忘れてしまったほどであった。ところが、その浦島は多くの魚を殺すことをもって渡世とし、亀を助けてやったそのときも、海へ魚をとりに行って帰りの途であった。魚とりは常住不断のことなのであり、子どもたちから亀を救ったのは一回限りのことであった。かれはその一回限りの善行のゆえに、憐れみ深いやさしい人だとたたえられているのである。人間のおこなう善行とはこのようなものだ、とその本の著者、関計夫は語っている。

人間は、一般に米や野菜、魚や卵、牛肉や豚肉などを食し、生命を維持している。つまり、それらがたとえ植物であれ動物であれ、それらの生命の犠牲のうえに、わたしたち人間の生命は成り立っている。わたしたち人間は、生への意志を放棄しない限り、このような宿業から逃れることはできないのである。ところが、ふつうわたしたちは人間の生存それ自身にまつわりついたこのような根源悪には眼を覆って、表面的な道徳で満足して生きているのである。

しかし、真に道徳がこの世における人間の生きかたに根源的にかかわるものであるとするならば、道徳の問題を考える場合、また道徳の指導をする場合、右に述べた事態の究明は避けてとおることはできないであろう。

2 よりよく生きるということ

人間がよりよく生きるとはどういうことかを、子どもたちに考えさせるために、わたしは附属小学校の五年生の児童を相手に、前述の「浦島太郎」の昔話を題材にして、道徳の学習指導を試みたことがある。それは、「人間の生命は他の生命の犠牲のうえに成り立っていることに気づかせ、人間が生きるということ、よりよく生きるということの意味を、より深い次元で受けとめて生きていくことの大切さについて考えさせる」ことを目標にしたもので、いわゆる「道徳的実践力の育成」を直接めざしたものではなかった。

子どもたちがこの問題をどのように受けとめたか、かれらの感想文からひろってみよう。

「はじめの方はおもしろくて分かったから発表していたけれど、最後の『うらしま太郎はどんな人か』というので『やさしい』とか『魚を殺している』とか答えたが、分らなくなってしまった。とてもむずかしくてむずかしくてどう考えればいいのか分らなかった。『大きい魚はとって、子がめなどはまだ小さいからにがすのだろう』という考えもうかんだけれど、うらしま太郎は大きい魚ばかりとっているとはかぎらないし、大きくても小さくても生き物にはかわりがないのだから……。」

「私は捕島太郎は半分半分の心をもった人だと思う。カメを助けたりしてなさけ深くやさしい心をもっている。しかし、自分の生活のために魚を殺す悪いことをしている。浦島太郎だけじゃなく、人間みんながそうだ。私もその一人だ。そこで私が考えたことだが、人間は多くの生き物を殺し、それで生活している。どんどん動物、植物が私たちのために死んでいる。それで、私たち人間は生き物を殺す代わりに、(他の)生き物をどんどんふやしていきたい。死んだ動物たちの仲間をどんどんふやしていきたいと思った。そういうことを考えると、浦島太郎は良い人でもあり悪い人でもあるんじゃないか。もっとも太郎は良い心の方が多いのではないか。ほんとうに悪い人だったら、カメを助けたりしないと思う。」

「僕は、今日の勉強で浦島太郎はやっぱりきれいな心をもった、思いやりのある人だと思います。それはカメのことを思い、なさけ深くにがして助けてやったからです。それから、浦島太郎はりょうしだけど、これは人の生きるためだから、魚をとって食料にしたり売ったりするのは、そう悪いことだとは思いません。そのカメだって、生きるためにはやはりなにか生きものを食べているのです。それで、食料のためりょうをすることなどをのぞけば、浦島太郎はやさしくて、思いやりがあった、なさけ深い人だと考えてもおかしくないと思います。」

「私は自分で動物なんかを大切にしようと思っていましたが、毎日毎日食べている魚や肉は（動物ですから）動物を殺していることになるにちがいないと思いました。でもそれなら、私たちは何を食べて生活しなければならないのでしょうか。そこがわかりません。けれども、動物を大切にということは、すて犬をしたり、かっている動物にえさをあげなかったりせずに、毎日さん歩につれていったり、動物のすきな食べ物をやったりするのではないかなあと思います。ほんとうのやさしさというものはまだよくわかりません。」

子どもたちのこの感想にもあらわれているように、「生命の尊重」と「動植物の愛護」という道徳的価値を徹底して追求していくと、人間の生存そのものにまつわりついた根源悪に根ざす絶対的矛盾性に逢着せざるをえない。他者とのかかわりのなかで、人間が生きるということの意味を、子どもたちなりに真剣に受けとめて考えている。人間は他の生命の犠牲のうえに生存していること、その自覚に立ってよりよい生きかたを求めていくとき、それはおよそ平板な道徳教育が求めている生きかたとはその様相をまったく異にするであろう。その際、「生命の尊重」や「動植物の愛護」といった道徳的価値内容は、いったいいかなる意味をもつのであろうか。道徳教育の実践にたずさわる者は、このことの批判的検討を避けてとおることはできないであろう。

三節　真の教育的関係の確立

これまでの考察において含意的に示されているように、道徳教育において教師の位置と立場とは重要な意味をもっている。最後に、生徒とのかかわりにおける教師の問題について述べておきたい。

1　問われている教師

今日、わが国の教育現場における中学生の非行問題、とりわけ校内暴力問題が大きな教育問題、いやむしろ社会問題として新聞誌上やテレビに大きく取りあげられている。生徒が教師に対して暴力をふるうということは、生徒の側からの教育に対する頑強な挑戦にほかならない。道徳教育という観点からも、この事態は実に由々しい問題といわざるをえない。

近代公教育機関としての学校制度においては、教師と生徒とは最初は両者の主体的・自発的意志にもとづかずに、外在的要因によって結びつけられている。教師はまず教員採用試験に合格して採用され、そして職業的教師として特定の学校に配属される。生徒はその学校に入学することによって、この教師たちと一定の関係を結ぶことになる。教師と生徒両者とも、いわば制度的に教師＝生徒関係にくみこまれるのである。

教師と生徒との関係は、一種の権威的関係として成立する。教師に帰属する権威には、「制度的権威」「学問的権威」「道徳的権威」の三つがあげられるが、第一の制度的権威というのは特定の権限・資格・身分によって教師に外から授けられた、いわば客観的権威のことであり、それは社会制度上の役割を分担する教育機関として組織された学校において、その学校の教員という地位にある教師に公式に委任された教育上の権限にもとづいて成立する。ところで、学問的権威や道徳的権威の裏打ちがなく、教師の座に付属するこの制度的権威のみが行使されるとき、教育的権威は支配的権力に変質する。教師はこのような誘惑と危険に絶えずさらされている。内申書や処分をちらつかせて生徒を操作し、管理しようとすることは、教師の権力的対応なのである。そこでは、教師も生徒も両者とも、自己の人格全体をかけてぶつかりあうということがなくなり、形式的でかわいた冷たい関係になっていく。したがって、学校のような制度のなかでは、教師と生徒との望ましい人格的関係をつくりだしていく努力がまず最初に必要になる。

2 有能性から人間性へ

教師に対して暴力をふるう生徒との真の人間関係、つまり真の教育的関係をつくりだしていくにはどうしたらよいか。この問題に対して、ドイツの教育学者ノールの思想は一つの示唆を与えてくれるだろう。

感化院にあずけられたり、厚生施設で保護されたり、またその際司法や精神治療の対象としてのみ取り扱われ、まったく教育されえないものとして放棄されないまでも、もはや人間とはみなされず動物のごとく扱われている不良少年・犯罪者・重度精神病者、ある部分かたくなに人を寄せつけず、ある部分完全に鈍化しているが、まだ教化可能性をもったこれらの少年たちを前にして、こうした気の毒な不幸な虐待された人間を前にして、「いかにしてわたしはかれらを助けうるか」という問いが、ノールの心をとらえたのである。かれは語っている。「わたしが教育上他の人のために努力するとき、わたしが知らなければならないのは、政党・教会または国家のためにわたしが求められているのではなくて、この援助をまず第一に必要とするのは、汝、汝の孤独な自己、汝の埋もれて助けを求めている人間性である」と。ノールによれば、教師は不良少年に対して、社会との葛藤をひきおこした人間に対して、社会の諸要求をつきつけるのではなく、このよるべなき人間の苦悩をひきうけ、人間に値するような生活へとかれ自ら向上するように援助しなければならないのである。

ところが、こんにちのわが国の教育では、ノールのいう国家・政党・職業・学問などの要請する客観的目的が優先し、それらに役に立つ有能性を身につけさせることにアクセントがおかれすぎている。この有能性の一面的偏重がこんにちの学校教育の荒廃をもたらしているといえないだろうか。成績中心主義、評点主義およびそれによる序列化が、子どもたちの心をむしばみ、荒れさせ、そしてさらに不幸なことには、親も教師もそのことに無感覚になってしまっている。今日の教育は、このような客観的目的から人間の主体へ、つまり子どもの力、その成長へと視点を根本的に転換することによって、その固有の本質と活力とをとりもどさなければならないのである。

3　若い世代への負い目ある意識

さて、そのような視点の転換の原初的な姿は、純粋に自然な本能的な母親の愛のなかに見出すことができる。母親の愛はその子どもが能力をもっていようといまいと、また価値実現の可能性をもっていようといまいと、そういうことには無頓着に子どもを温かく迎え、抱擁する。したがって、それは子どもに安らぎと憩いとを与えるのである。このうるわしい母と子との自然な関係を、ペスタロッチは『ゲルトルートはいかにしてその子を教えるか』のなかで美しく描きだしている。愛と信頼と感謝と従順という徳の第一の萌芽は、この母と子との自然な関係のなかから生まれてくるのである。もちろん、母性愛の本能的な片寄り(母親の主観性と所有欲)は取り除かれなければならないが、子どもに対する母親のこの態度は、あらゆる教育の前提である。子どもをその人間性において承認し、受けいれることは、この態度において成就する。

子どもは、たとえ非行少年・不良少年であっても、かれの内奥に秘められた人間性がほんとうに教師によって承認され受容されていることを知るとき、かれの側から教師への信頼を獲得してくる。教師が子どもを、かれもまた人間として、つまり傷つきやすい、助けを求めている人間としてひきうけるとき、教師もまた子どもによって人間として受けいれられる。教師が子どもの人格の深奥において絶対的に肯定されているような、教師に対する子どもの信頼は、教育的関係という独特の関係の前提である。このような真の教育的関係が獲得されるとき、非行少年・不良少年を再生させる教育活動は始まることができるのである。非行少年・不良少年の精神的・道徳的再生という、きわめて困難な教育的営為は、まさにこの人格的関係の獲得を必要とするのである。

正木正は道徳教育における教師の教育的責任という観点から、「若き世代への負い目ある意識」を重視する。正木の考えはつぎのとおりである。道徳教育を正しく取りあげようとするならば、その人びとに主体的なきびしい自己反省と自己超越とが要請される。ここに、若き世代への負い目ある意識が生じ、そこにはじめて真正の謙虚な態度・青少年への信頼が生まれるのである。道徳教育は、そのとき正しい位置づけが与えられ、本来の教育的意義をもって取りあげられうる、と。成人の自己反省・自己批判をこそ、教育問題の基底としてとらえるべきであるとするこの姿勢は、真の教育的関係の確立にとって不可欠の前提である。

参考文献

1　ボルノウ、『哲学的教育学入門』（浜田正秀訳）玉川大学出版部、一九七三年。
2　ボルノウ、玉川大学教育学科編『教育者の徳について』玉川大学出版部、一九八二年。

3　教育科学研究会道徳と教育部会『自主的な子どもをどう育てるか――民主的道徳教育の探究』同上部会、一九七九年。
4　宇田川宏、藤田昌士編『道徳教育の実践』総合労働研究所、一九一八年。
5　正木　正『道徳教育の研究』金子書房、一九六〇年。
6　久木幸男他編『日本教育論争史録』第四巻現代編、第一法規、一九八〇年。
7　関　計夫『子供の道徳教育』慶応通信、一九五四年。
8　日本教育社会学会編『教育社会学辞典』東洋館出版社、一九六七年。
9　資料解説『教育原理』学芸図書、一九七三年。
10　竹内義彰編『教育を問う』法律文化社、一九八一年。

第二章　道徳的実践力の育成

はじめに

「道徳的実践力の育成」ということが道徳の時間の指導目標としてはっきり示されたのは、昭和五三年の学習指導要領の改訂からではなかったかと思う。それ以来、この目標を研究テーマとして、小は個人研究から大は文部省指定の研究校にいたるまで、小・中学校の実践的研究において真剣に取りくまれた。

ところで、五年を経過したいま、子どもたちの道徳的実践力は十分に身についているか、と一度立ちどまって静かに反省してみたらどうであろうか。おそらく、否定的な答えがかえってくるのではないだろうか。場合によっては、真面目にそして真剣に努力している教師たちからは、さいの河原で石を積む子どものなげきにも似た一種の絶望的な嘆息すら聞こえてくるかも知れない。そして、わたし自身もこの否定的な帰結に同調せざるをえないのである。なぜそう考えるのか、そのことをここでいま触れるまえに、少しばかり原理的な問題に立ち戻ってみたい。

一節　道徳的実践力とは

道徳的実践力とは、いったい何のことであろうか。子どもたちがどのように変容したら、道徳的実践力が身についたといえるのであろうか。もう一度、このことから考え直してみたらどうかと思う。

文部省の指導書や解説書には、道徳的「実践への発条となる実践力」という表現がみうけられる。もう少し詳しい説明を求めると、それは「将来出会うであろう様々な場面、状況においても、価値を実現するための最も適切な行為を選択し実践することが可能となる内面的資質」とある。そうすると、道徳的実践力とは実践そのものではなく、その前段階のある性質をいい表しているということになる。つまり、「実践への発条となる内面的資質」のことである。道徳的実践力を「内面的資質」としてとらえる考え方に、わたしは賛意を表する。もともと教育一般が単なる行為や体験ではなく、それへの準備性、つまりここで話題にしている内面的資質の啓培を直接目標にしているからである。たとえば、記憶力・理解力・判断力・想像力といった諸能力、技能、態度、心構え、興味などは、教師が最も心をくだく児童・生徒の内面的資質そのものである。それでは、道徳上の内面的資質とはどういうものであろうか。

道徳の指導書によれば、それは「道徳的判断力、心情、態度と意欲を包括するもの」となっているが、これらは一般的に道徳性の諸相として説明されているものである。「道徳的判断力とは何が善で何が悪かを判断する知的な働きであり、道徳的心情とは道徳的な価値を望ましいものとして受け取り、善を行うことを喜び悪を憎む感情である。また、道徳的態度は善をとり悪を避けようとする人格の持続的傾向であり、実践意欲は実践的行動への身構えなのである。判断や心情はそのままでは行動に結びつかないので、それらは態度にまで高められなければならない」。このように、指導書の説明は続いている。この説明に異論はないが、問題なのはこれらの諸相がどういう関係にあるのか、道徳的実践力の育成にとってそれぞれどういう役割を担っているのか、さらには、この内面的資質と道徳的実践とはどのように関係しているのか、ということである。このことを、行為論の観点から少し分析してみよう。

ご存知のように、行為には非選択的なものと選択的なものとがある。ここで問題になっている道徳的実践力が、衝動的行動、習慣的行動あるいは強制的行動といった、いわゆる「非選択的行為」にではなく、多少とも主体的な選択ないしは決断の過程をふくむ「選択的行為」に関わるものであることは明らかである。学習指導要領にも、「児童(生徒)の道徳的判断力を高め、道徳的心情を豊かにし、道徳的態度と実践意欲の向上を図ることによって、……」とあるように、これはドイツの有名な社会学者、M・ウェーバーの行為概念における「内的行動」を指し示しているといえよう。わたしたちが観察することのできる「外的行為」(「行動様式」ともいい表される)は、行為の一つの局面をなすにすぎない。すべての行為には、内的局面ないしは過程があり、それは残念ながら外的行為とはちがって、外部から観察することができない。このことに関連して、ついでに述べておきたいことは、必ずしも感覚的に知覚できる行為として外に現れない内的行動もあるということである。選択とか決断という概念は、一方に結局捨てられ、行為として実現しなかった潜在的要因のあることを前提とする。外的行動様式として現われない「意欲された不作為や忍耐」もあることに、わたしたち教師は注意を払わなければならない。たとえば、そばにいる老人に席を譲ろうと思いながら、周囲のことを気づかい躊躇しているうちに、つい譲りそびれたという体験は誰もがもっている。

このことで思い出すのは、放送作家、高橋玄洋のことである。

「終戦二日目。海軍兵学校から復員した一六歳の玄洋は爆心地近くの焼け跡で、失明した八、九歳の女児に出会う。『お母ちゃん』と泣くばかりの孤児であった。持っていた焼きおにぎりを食べさせた。収容所に連れていった。かいがいしく面倒をみた玄洋は、しかし、最後に『心の負債』を背負う。別れ際、一つ残ったおにぎりもあげようといったん決意しながら、ためらった末に、『さよなら』だけをいってしまうのだ。

人間のエゴ、弱さ、業の深さ。そんなことを思い知らされた悔恨が、のちに玄洋を文学に走らせた。作品に流れる温かさは、この『おにぎりの教訓』である。」

（朝日新聞「新人国記」）

道徳的実践という観点から評価すれば、このときの玄洋の態度は、おそらく「落第」であろう。しかし、かれに人間としてのしみじみとしたなつかしさやさしさのようなものを感じるのは、どういうわけであろうか。少し脱線したようなので、話をまたもとに戻すことにしよう。

ところで、道徳的実践力と道徳的実践そのものとの関係は、行為論の観点から整理すれば、行為の内的局面（過程）と外的局面（過程）との関係ということになり、前に述べたように、かなり複雑な様相を呈することになる。このことは、第二の問題、つまり子どもたちがどのように変容したら、道徳的実践力が身についたといえるか、ということと関係する。わたしたちは、このことをどのようにして確認することができるであろうか。ここに困難な問題が登場する。少々理屈っぽくなるが、辛抱して次の説明を読み進めていただきたい。

内面的資質というのは、現実に経験される事実ではなく、それを説明するために仮定された仮説的構成物であり、観察可能な行動様式を分析してそこから逆推定されたものである。ちょうど、わたしたちがよく問題にする素質が、たとえば音楽の素質とか精神分裂症の素質というように、ある精神的能力や精神的状態を考えて、これに対する傾向または態度を意味するのと同じである。「素質」という言葉は、心身の発達を説明するのに必要な仮説的概念なのである。そうすると、内面的資質そのものはそれ自体として確認することは不可能であるから、道徳的実践力が身についたかどうかということは、それが外部に現れた行動様式を手懸りにして逆推定するという手順をふむ以外に方法はない。枠組みは一応設定されている。前にも触れた道徳的判断力、心情、態度および実践意欲がそれである。

道徳の授業が十分に成果を収めえないとすれば、つまり子どもたちの道徳的実践力が十分に身についていないとするならば、それは指導上に問題がなかったか、あるいは道徳的判断力、心情、態度や実践意欲そのものを高め、豊かにし、向上をはかることによって、道徳的実践力を育成するとした学習指導要領の目的設定の仕方に問題がなかったか、ということになるであろう。このことについては、あとで詳しく述べることにする。

ここでもう一度想起してもらいたいことは、「意欲された不作為や忍耐」という問題である。内面的資質を観察可能な行動様式からのみ因果連関的に確証しようとすると、不作為や忍耐といった内的事象は見失われてしまう。それらは、教育的にみて価値がないかというと決してそうではない。まえに触れた高橋玄洋の青年期の体験やアウシュヴィッツ強制収容所で死の恐怖にじっと耐えて絶望と闘い続けた『夜と霧』の著者、精神科医フランクルのことを想起すれば、このことは納得してもらえるであろう。道徳的実践力の育成ということに注意が向きすぎて、——もちろんこのことの重要性を軽視するものではないが——人間のエゴや弱さや苦悩の意味に対して深い顧慮を払わないならば、それは教育的配慮の面で不十分だといわざるをえない。道徳的実践力に附随するこの蔭の部分に光をあてないならば、その指導は底の浅いものになってしまうであろう。

二節　指導上の問題

さて、指導上の問題を論ずるにあたって、わたしは次の三つの視点を設定したいと思う。それは、(1) 道徳の教師の問題、(2)カリキュラムの問題、(3)実際の指導の問題である。

1 道徳の教師として

第一は、道徳の教師の問題である。「教える」とか「指導する」とかいう言葉を使っているうちに、わたしたちはいつの間にか、子どもに対する優越意識を心のなかに育ててはいないだろうか。教科の学習指導の場合には、そのことはある程度首肯されうるであろうが、道徳の教師として子どものまえにたつとき、そのようなわたしたち教師の体質は問われざるをえない。

正木正はその著『道徳教育の研究』において、道徳教育における教師の教育的責任という観点から、「若き世代への負い目ある意識」を重視する。道徳教育を正しく取りあげようとするならば、その人びとに主体的なきびしい自己反省と自己超越が要請される。ここに、若き世代への負い目ある意識が生じ、そこに初めて真正の謙虚な態度と子どもへの信頼が生まれるのである。たとえば、非行化した子どもたちの精神的・道徳的再生という、きわめて困難な教育的営為は、そこから始まることができると思うのである。

2 カリキュラムの編成とその取り扱い

それぞれの学校には、道徳教育の年間指導計画が準備されている。多くの場合その計画の作成にあたっては、児童生徒の道徳性の実態、父母や教師の願い、地域社会の要請等をふまえながら、学習指導要領に準拠して、その内容項目が一応全般的に網羅するように配慮されている。学校によっては、重点目標・重点内容が決定され、それを基準にして中心価値と周辺価値とがうまく整序されているところがある。ところで、問題は道徳教育のカリキュラムがどのように編成され、取り扱われているか、ということである。

道徳教育の指導計画を作成するうえでまず第一に問題になることは、どのような特性をもった子どもに育てあげるか、ということではないだろうか。つまり、道徳教育のめざす理想的人間像の問題である。

宗像市立吉武小学校の昭和五七年度の道徳教育年間指導計画には、理想的な子ども像として、①進んで実行する子ども(自主・不とう・創意)、②思いやりのある子ども(親切・信頼・寛容)、③礼儀正しい子ども(礼儀・尊敬・規則)の三つの重点目標があげられている。この目標像は、おそらく子どもの実態、それに加えて教師や父母、さらには地域の願いや期待をふまえて設定されたものであろう。そして、道徳の時間の指導では、これらの重要価値項目が重点的に年間を通じて二回取り扱われるように計画されている。さらに、それは道徳の時間だけでなく、教科の指導、特別活動の指導、地域の協力による学校内外での生活指導においても追求されている。

ところが、その他の価値内容項目も遺漏なく各時間に配置されているのである。このことは学習指導要領の制約上、やむをえないことかもしれないが、他面ではそのために、前記の重点目標の焦点がボケてしまうのではないか、と懸念される。

元東大総長・矢内原忠雄は「教育のめざす人間像」という文章のなかで、次のように書いている。少し長くなるが、わたしたちの問題にひとつの示唆を与えてくれるので引用してみよう。

「すべての徳をもれなくかつ完全に具備した人間とか、知・情・意の円満な発達をとげた人間は、世の中に存在せず、また教育によってこれを存在させることのできぬ抽象的な人造人間像である。実際の人間は、ある徳においてはすぐれていても、他の徳においては欠点があり、ある性格には強くても、他の性格において弱いところがある。人間の人間らしさは、円満・具足・完全に求むべきではなく、芸術のたとえをもって言えば、デフォルメされたところにかえって人間の本質があるのである。形を整えた盆栽のような人間をつくり上げることが教育の目標ではない。風雪に耐える強健な自然の喬木のような人間こそ、教育の目ざす人間像でなければならない。」

この考えに、あるいは反対の意見をもつ教師がいるかも知れない。教育の目標像は、子どもの理想的状態を想定して設定されるものであり、ある程度総花的になるのはやむをえない、と。たしかに学習指導要領の道徳の内容項目はどれひとつとっても、人間らしい人間の性格特性としてどうでもよいものは何ひとつない。しかし、それらをもれなくかつ完全に具備する者を理想的な人間とするなら、それは外観は美しいが内に生命の通わない死んだ教育を招来することになりはしないだろうか。そのような教育は、形式的・抽象的なものとなって、眼のまえにいる生きた子どもたちから遊離してしまい、偽善的なものになってしまうおそれがある。

吉武小の指導計画は、三つの重点目標を設定した。それならばいっそのこと、この目標を中核にして、鋭角的にデフォルメされた内容構成があってもよかったのではないか、わたしはそう思うのである。しかし、このことをカリキュラム編成に要求することは、酷なことかも知れない。

そこで、ひとつの提案をしてこの項を終わりたい。それは、授業者の立場から、学習された道徳的価値内容が一体どのように一人ひとりの子どもの内面に受容され、位置づけられているか、いい換えれば、どのような道徳意識が形成されているかということを反省しなおしてみるということである。そうすれば、総花的な道徳のカリキュラムをそのまま道徳の時間の指導に移しかえるような愚は繰り返さなくなるのではないだろうか。授業者の立場から、一度フィルターにかけることが必要である。

3 実際の指導の問題

すでに、わたしは道徳の指導書にならって、「道徳的実践力」という言葉の意味を、道徳的実践そのものではなく、その前段階のある性質、つまり実践への発条となる内面的資質とおさえた。最後に、この内面的資質の啓培の問題を取りあげてみたいと思う。

わたしたち日本人は長い間英語を学習してきているが、外国人のまえにでると、なかなか英語で話すことができない。なぜだろうか。それは、従来の日本の英語教育が「読み書き」中心の文学・文字教育で、コミュニケーション能力を育てるための「話す聞く」に重点をおいていなかったからだと思う。さらに、外国人と話す実践的経験をもっていなかったからである。実際に、直接外国人と話す、そういう経験を通して、わたしたちの会話力はみがかれてくるはずである。とはいえ、その準備が学校の授業においてなされることを否定するものではない。

このことから類推すればわかるように、わたしは、基本的には道徳的実践力も道徳的実践そのものを通して形成される、という考えにたっている。戦後の日本の教育のバックボーンを形成したデューイの教育思想を想起していただきたい。デューイは、知識と行動との不可分な関係を強調した。かれが知識について語る場合、それはわたしたちがそれをもっていることを意識する品物のようなもの(所有物としての知識)ではなくて、わたしたち自身の一部であり、いつでも使用に応じようとする意識的な身構え(生きて働く知識)のことであった。それでは、このような知識はどうしたら手に入れることができるであろうか。「初めに、行動ありき!」(ゲーテ)である。学習は、行動的事態、つまり解決をせまる問題的状況からはじまる。そして、その問題的状況を解決(打開)する過程のなかで、その問題に即して、その問題にからんで、知識は獲得されるのである。かつて学生時代に学んだ言葉「為すことによって学ぶ」ということを想起していただきたい。この原理は、わたしたちがふつう考えているように、「知識→行動」とか「行動→知識」とかいう直線的過程をたどるのではなく、「行動→知識→行動」というように、螺旋型的展開をする。道徳的実践力の育成のための教育原理は、ここにあるとわたしは考える。

ところが、このように考えてくると、また難しい問題に直面することになる。それは、道徳の時間という、特設された時間枠のなかで、このような教育原理を生かすことができるかという問題である。この点では、率直にいって、わたしは道徳の時間における指導の限界性を指摘せざるをえない。道徳の時間だけで勝負するのではなく、それをつつみこんだ学校全体の教育活動の再編成がなされなければ、道徳的実践力の育成の指導は十分な成果を収めることはできないであろう。

道徳の時間は、実際の行動的事態を模擬的に構成した場である。そこで、道徳の時間における指導は、いわば畳のうえで泳ぎを教えるようなものだ、といったらいいすぎかも知れないが、それに近い構造をもっていると思う。このことをきちんとわきまえておかないと、わたしたちは「わかっているのに、なぜできないのか」と、性急に子どもたちに道徳的実践を要求することになりかねない。

それでは、道徳の時間はどのようにとらえたらよいであろうか。わたしは、子どもの内面的資質を豊かに、そして深くたがやす時間だと考える。それは、実践意欲・実践への身構えという点からは、一見迂回路のようにみえるかも知れないが、「急がば回れ」の諺もあるように、かえってその方が豊かで深い道徳的実践力を育てるようになると考えるからである。道徳がこの世における人間の生き方に根源的にかかわるものであるならば、わたしたちは表層的な道徳的実践の指導だけで満足するわけにはいかないであろう。

参考文献

1　見田宗介『価値意識の理論』弘文堂、一九九六年。
2　正木　正『道徳教育の研究』金子書房、一九六一年。
3　『岩波現代教育学Ⅰ　現代の教育哲学』岩波書店、一九六〇年。
4　宗像市立吉武小学校『道徳教育年間指導計画』一九八二年。

第三章　道徳的実践の指導

一節　道徳的実践の指導の諸局面

1　道徳教育における総合的視座

道徳が人間としての在り方・生き方の自覚とその実践にかかわる問題であり、道徳教育が究極的には道徳的行為としての実践を志向していることは、周知のことである。道徳は、日常生活の具体的な諸活動や心構えにおいて具現化されるものでなければならない。

学校における道徳教育は、その発足当初以来学校の教育活動全体を通じて行うことを基本としてきた。したがって、道徳の時間はもちろんのこと、各教科および特別活動においても、それぞれの特質に応ずる適切な指導がなされなければならないのである。ところが、今日の学校における道徳教育は、道徳の時間に一任されている感がしないでもない。それでは、道徳の指導を十分に果たしているとはいいがたい。道徳の時間特設の当初から、学習指導要領には、若干の文言上の変更はあるものの「道徳の時間は各教科及び特別活動における道徳教育と密接な関連をはかりながら、計画的発展的な指導によってこれを補充、深化、統合し、……道徳的実践力を育成するものとする」と、道徳の時間の位置と役割を明記している。「総合単元的道徳学習論」(押谷)が提唱される所以はここにあり、道徳教育の総合的な教育活動の再編成が望まれるわけである。

道徳の時間の指導の主眼が、直接的には道徳的価値の内面的自覚と道徳的実践力の育成にあるにしても、道徳教育はそこにとどまってよいというものではない。道徳的実践力は、実践への「内面的資質」であり、実践への展望を内に含んでいるものである。それは、当然日常の生活実践のなかで生きて働くものとして機能しなければならない。したがって、その具現化への配慮は、当然学校内外の教育活動の場でなされなければならないのである。

道徳的実践の指導の場は、もちろん学校の教育活動だけに限定されない。家庭においても地域社会においても、随意的にせよ計画的にせよ、学校と連携して道徳の指導が適切になされなければならないことは当然である。子どもは家庭生活を通して基本的な生活習慣や価値観を身につける。家庭は、そういう意味で人格の基礎を形成する重要な場といえる。また、地域は子どもにとって最も自由な生活空間であるが、仲間との遊びや地域のさまざまな行事への参加は、学校とは違った道徳性を子どもたちに身につけさせるのである。

2 ヒドゥン・カリキュラム

今日、カリキュラム理論において注目されているものに「ヒドゥン・カリキュラム」がある。正規のカリキュラムからの類比概念であろうが、各教科、道徳および特別活動が正規の、いわゆる「顕在的カリキュラム」とすれば、それはインフォーマルな学習の場としての「潜在的カリキュラム」である。藤田昌士は「全教育活動をとおしての道徳教育と言うとき、その基底において注目すべき層がこの『潜在的カリキュラム』であり、生活指導、特別活動は、たえずこの『潜在的カリキュラム』に立ち返って、自らの課題を汲み取る必要があろう」と語っている。

道徳の指導書には、「日常的な生活の場面における指導」と「学級、学校の環境の充実・整備による指導」とに関する説明がある。これが、ここにいう「ヒドゥン・カリキュラム」に相当しよう。

学校における授業以外の日常的な生活場面には、①朝の始業前、休み時間、放課後などのように、子どもが自由に行動できるものと、②給食の時間、朝の会や帰りの会の時間、掃除の時間などのように、一定の行為が課されているもの、とがある。このような場面を活用して、教師と子ども、子ども相互の人間関係を深めることにより、子どもたちの道徳性を育成することができる。

学級や学校の環境やその雰囲気もまた、子どもたちの道徳性の発達に大きな影響をあたえる。教師と子どもとの教育的人間関係、子ども同士の相互理解と信頼の関係は、あらゆる教育の基礎であるが、これらの人間関係がその学校や学級の独特の支持的な教育風土をつくりだしている。それが、道徳的実践をめざそうとする校風や級風を育て、また無意識のうちに子どもの道徳性に影響をあたえるのである。

子どもの道徳性の発達に影響をおよぼすのは、もちろん以上のような精神的心理的な要因ばかりではない。校舎・校庭や教室のような物理的環境も、少なからぬ影響を子どもの心に刻みこむのである。校庭・教室の環境美化や学習環境の整備に心がけなければならない所以がここにある。

以上述べたような意味での道徳的実践の指導は、直接的であるよりも間接的であり、意図的計画的であるよりも無意識的無自覚的である場合が多い。これは、藤田が指摘するように「学校に事実として存在する形成的な作用」に着目したもので、直接指導ではないにしても、「感化」というこの教育作用は、道徳教育の観点から見すごすことはできないものである。

二節　道徳的実践の構造

道徳的実践には、①道徳的実践力に裏づけられた道徳的実践、と②具体的な日常生活の場面を通して指導される道徳的実践、との二つの層面があると考えられる。はじめに、前者①の道徳的実践について触れておきたい。

1　行為の内的局面と外的局面

道徳的実践力と道徳的実践とは、きわめて密接な関係にある。道徳の指導書には、そのことを次のように説明している。

「本来、道徳的実践は、内的な力としての道徳的実践力が基盤になければならない。道徳的実践力が育つことによって、より確かな道徳的実践が育つのであり、そのような道徳的実践を繰り返すことによって、内なる道徳的実践力も深まるのである」と。

すでに述べたように、道徳教育においては、最終的には道徳的実践のできる子どもを育てることが目標となる。そして、それは他から強いられて仕方なく実行するようなものではなく、自ら自主的自発的になされるものでなければならない。そのような道徳的実践を可能にするためには、行為の基盤になる内面的な力を同時に身につける必要がある。それが、道徳的実践力である。それは実践そのものではなく、その前段階のある性質、つまり「実践への発条となる内面的資質」をいい表しているのである。

ドイツの有名な社会学者、M・ウェーバーは、行為を内的局面(過程)と外的局面(過程)とに分けて考えているが、この考え方にしたがえば、道徳的実践力は「内的行為」であり、道徳的実践はわたしたちが観察することのできる「外

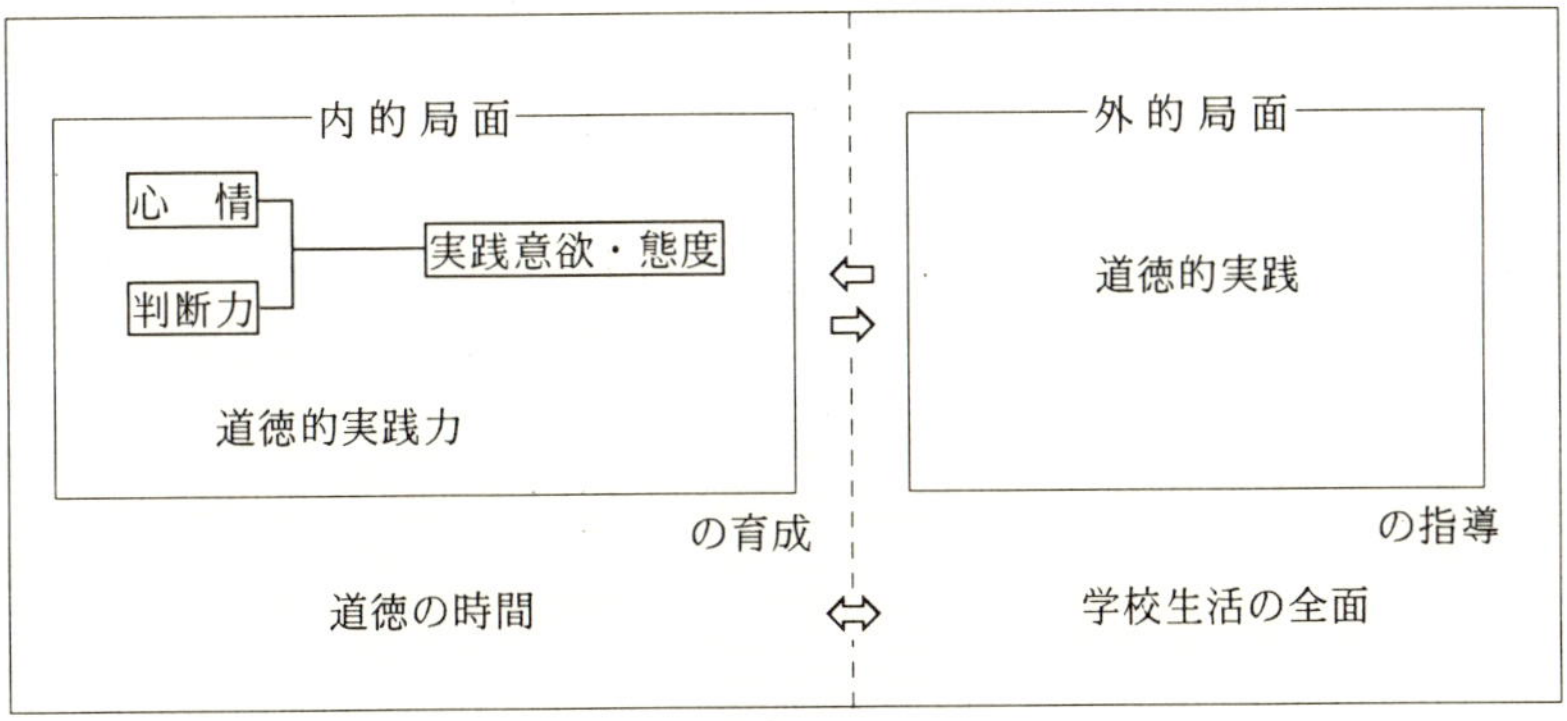

図1　道徳的行為の構造

(参照：教員養成基礎教養研究会『道徳教育の研究』教育出版、1985年、47頁)

的行為」(行動様式)ということになる。この関係を図示すると、上のようになる(図1参照)。

すべての行為には、内的局面ないしは過程があり、それは外的行為とは異なり、外部から観察することができない。内的局面としての「道徳的実践力」の諸特質は、一般的には観察可能な外的行動様式を分析してそこから逆推理されたものである。それは、ちょうど「素質」がたとえば音楽の素質とか精神分裂症の素質とかいうように、ある精神的能力や精神的状態を考えて、これに対する傾向あるいは態度を意味するのと同じである。「内面的資質」とは、現実に経験される事実ではなく、それを説明するために理論上仮定された仮説的構成物である。

2　不作為と忍耐

しかし、ここで注意を払っておかなければならない事態がある。それは、必ずしも観察可能な行為として外に現れない内的行為があるということである。

選択とか決断とかいう概念は、一方に結局捨てられ、外的行為として実現しなかった潜在的要因があることを前提とする。外的な行動様式としては現れない「意欲されながらの不作為や忍耐」もあることに、わたしたち教師は注目しておかなければならない。したがって、内面的資質を観察可能な行動様式からのみ因果連関的に確認しようとすると、不作為や忍耐といった内的事象は見失われてしまう。それらは道徳教育の立場から価値がないかというと、決してそうではない。そばにいる老人に席をゆずろうと思いながら、周囲のことに気づかいちゅうちょしているうちに、ついゆずりそびれた体験はだれもがもっている。

このように考えると、道徳的実践力が一〇〇%道徳的実践に結びつくとは限らない。行為の場の状況や行為者の内的条件に左右されることもあるからである。

3 意志的行為としての実践

最後に、「実践」ということの意味について、若干説明を加えておきたい。「実践」ということばは、一般に「理論」との対比において用いられることが多い。古代ギリシャのアリストテレスは、人間の精神活動を、見ること(観照・考察・研究・理論)と行うこと(行為・実践)と作ること(生産・制作)との三つに区別した。この区別が、それ以来今日まで思想史のうえに大きな影響をおよぼしているのである。

実践とは、自ら行為し対象に直接はたらきかける、人間的生の行動と解される。人間の行動は、自然環境に対する「技術的実践」と人間的環境(社会)を相手とする「倫理的実践」とに大別される。技術的実践は、それ自身が内的目的を宿しているとみられる芸術的制作を別にすれば、特定の外的目的に手段として仕えるものであって、自然についての客観的な認識によってみちびかれる。これに対して、倫理的実践においては、行為の価値の主体的な選択ということが重要な意義をもってくる。

倫理的ないしは道徳的実践は主体的な価値の選択をともなうものであり、そこにはすでに意識的な、あるいは理性的なといってもよい精神的な活動が内包されているのである。人間の行為としての実践とはそのようなものである。衝動的行動、習慣的行動、強制的行動といった行動は、本来道徳的実践とは相容れないものである。子どもの道徳性の発達的観点から、道徳の指導方法上、外的な指示や命令あるいは強制をともなうことがあるにしても、右に述べたことは十分に配慮されなければならない。

三節　基本的生活習慣の形成・定着

本来、道徳的実践は、内面的資質としての道徳的実践力が基盤にあり、それが育つことにより、より確かなものになっていく。また逆に、道徳的実践を繰り返すことによって、道徳的実践力も深まっていくものである。しかし、ここではその内面的な実践力の育成を直接的には問題としていない、いわゆる「日常の生活場面を通してなされる道徳的実践」の指導の問題に移ろう。その基本にあるのは、基本的な生活習慣の形成の問題である。

1　基本的行動様式と生活習慣

道徳の時間が特設された当初、学習指導要領道徳編には、目標として「日常生活の基本的な行動様式を理解し、これを身につけるように導く」とあり、六項目の内容があげられている。昭和四三年の改訂では、この記述は目標からは削除されたが、内容としては五項目に整理されて残された。昭和五三年の改訂学習指導要領からは、その第一章総則の2に「日常生活の基本的行動様式をはじめとする道徳的実践の指導を徹底するように配慮しなければならない」と記述されている。

「基本的行動様式」という表現は、昭和六〇年に刊行された『小学校における基本的生活習慣の指導』(文部省)では「基本的生活習慣」と変わり、現行の学習指導要領においては、それをうけて「日常生活における基本的な生活習慣や望ましい人間関係の育成などにかかわる道徳的実践が促されるように配慮しなければならない」と表現が変えられている。

ところで、基本的行動様式と基本的生活習慣とは、どのような違いがあるのだろうか。村田昇はその違いはかならずしも明確ではないとしながらも、前者が客観性・共通性が高いのに対して、後者は主観性・個人性が強いとして、次のように一応の区別をしている。習慣とは、個人のうちにあって規則正しく繰り返されるようになった活動であり、それは同時に客観性・共通性をもつ基本的行動様式に合致したものでなければならない。また、客観性・共通性をもつ基本的行動様式のあるものは、反復されて身につけられながらその個人に習慣化されなければならない、と。

習慣とは「学習によって後天的に得られ、反復によって固定させられた行動様式」であり、それは集団的な行動様式としての慣習によって形成される面が非常に多い。社会関係において成り立つ慣習は、個人に対して外在的な制裁をおよぼす力をもっている。

2 社会規範としての道徳

それぞれの時代や社会には、その時代や社会にふさわしい道徳があり、他の時代や他の社会にはまたそれにふさわしい道徳がある。それに合致する考えかたや行為は「善」とされ、合致しない考えかたや行為は「悪」とされる。このような道徳のとらえかたは、社会規範としての道徳観念である。この意味での道徳は、社会関係を維持するための、客観化され通念化された行動の規範、いわゆる慣習的道徳といえるだろう。

規範というのは、社会または集団の成員がその行動において同調しなければならない価値基準のことである。社会や集団には、その成員たちがその行動において追求すべき目標に関して、おおかれ少なかれ「望ましさ」の序列があり、またその目標実現のためにとる行動様式に関しても、積極的であれ(しなければならない)、消極的であれ(してはならない)、ある種の価値づけがある。それが規範を構成する。

人びとの規範に対する過不足は、賞罰力によって拘束され、価値基準を現実に実行すべきことを要求する力が、規範には内在している。したがって、規範は単なる価値観念にとどまらず、現実的な賞賛・非難・制止・懲罰力などの拘束力によって、その価値を現実化すべき保証を本質的にそなえているのである。

右に述べたような、当該の社会や集団の価値や規範を受けつぎ内面化する過程が、「社会化」とよばれている。このような過程を通じて、子どもたちはその社会や集団の規範構造のなかへ組み入れられ、社会的な役割期待へ適応し、集団的道徳を身につける。他面からみれば、このような過程を通じて、社会や集団は子どもたちを集団的道徳への適応を要求する。適応こそは、摩擦のない社会の存続を生みだすからである。

子どもの道徳的な発達の最初の段階は、当然のことながらこの集団的道徳という共通の媒質のなかで行われる。この集団的な道徳は、社会のなかで生きている道徳的な解釈や態度のこと、つまり道徳的規範(慣習)のことである。この規範は、一般に客観的には、基本的行動様式として、あるいは個人的には、基本的生活習慣として現象する。

3　基本的生活習慣の形成(しつけ)

基本的生活習慣の形成は、かつてはその多くが家庭において「しつけ」としてなされてきた。「しつけ」とは、国語辞典によるといろいろな意味があるが、基本的には「型づけ」という意味をもっており、柔らかい素材(子ども)を一定の枠や型(行動様式)にはめこむ、ときには無理にでもはめこむというほどの意味をもっている。そこには、素材としての子どもがまだ未熟で、判断力や意志力に欠けるという前提がある。つまり、しつけとは「いまだ自主的な選択や自己決定の困難な子どもに対して、日常生活に必要な行動様式を型どおりに実行させ習慣化させようとする指導」のことである。

ところで、基本的生活習慣の内容としては、どのようなものが考えられるだろうか。文部省『小学校における基本的生活習慣の指導』には、次のような三つの領域と事項があげられている。

(1) 生命尊重、健康安全に関すること
・身体や衣服の清潔　・洗面、歯みがき　・交通およびその他の安全
(2) 規則正しく、きまりのよい生活に関すること
・物、金銭の活用および自他の物の区別　・時間の尊重　・身の回りの整理整頓
(3) 礼儀作法に関すること
・あいさつ　・言葉づかい　・食事の作法　・身だしなみ

ここにあげられている基本的事項は、今回の学習指導要領においては、道徳の時間の指導事項としても、たとえば第一、二学年では、

内容1、主として自分自身に関することの(1)健康や安全に気をつけ、物や金銭を大切にし、身の回りを整え、規則正しい生活をする、とか

内容2、主として他の人とのかかわりに関することの(1)気持ちのよいあいさつ、言葉づかい、動作などに心がけて、

明るく接する、というようにとりあげている。

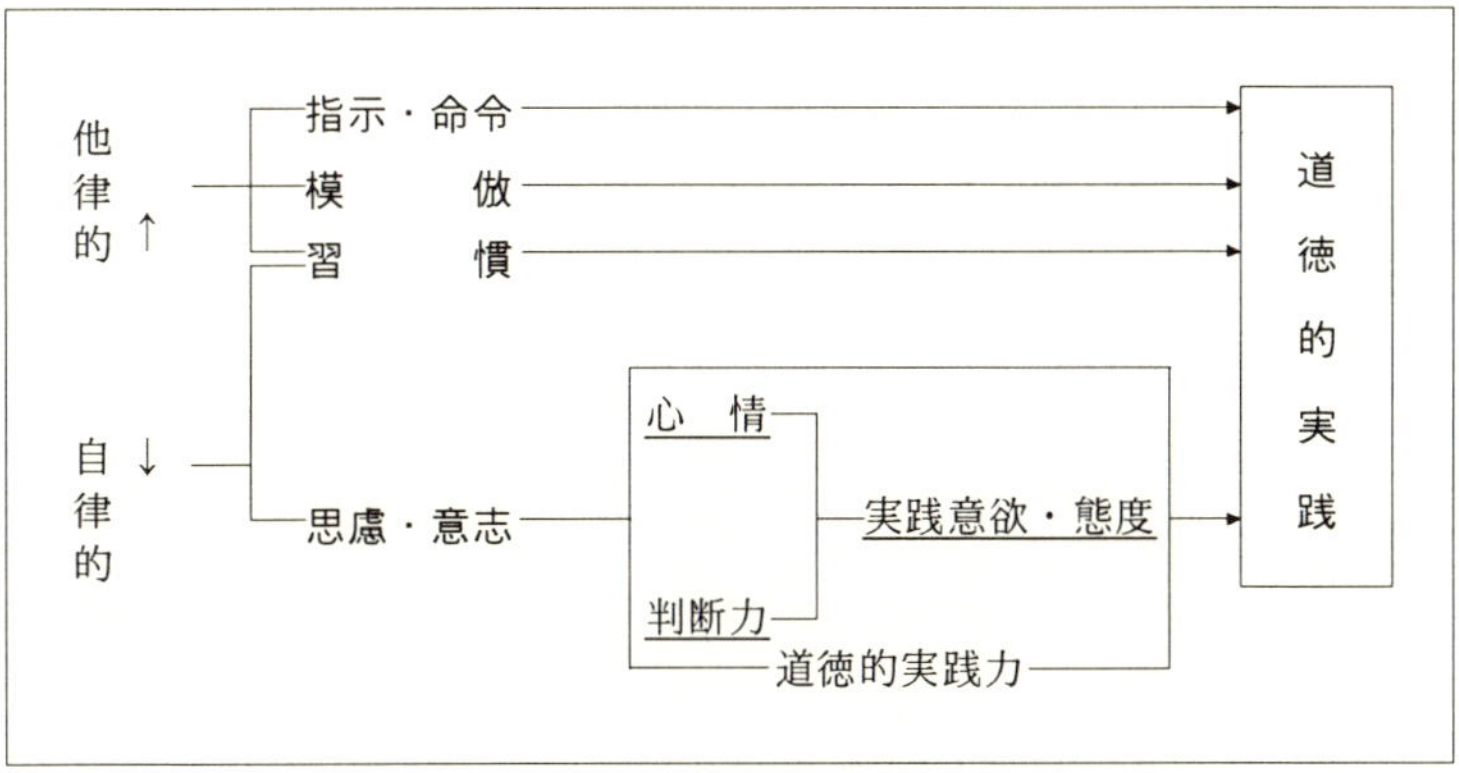

図２　道徳的実践の基盤

（参照：竹ノ内一郎『実践力を育てる道徳の授業』新光閣書店、1982年、41頁）

もちろん、道徳の時間において個々の具体的な生活習慣の実践指導がなされるわけではないであろうが、道徳の時間は直接的な実践指導と相携えて、子どもたち一人ひとりがそれを自己の自覚として、あらゆる場面で主体的な行為として発現するように、指導することが肝要である。

4　基本的生活習慣の指導方法

基本的生活習慣は、学校の教育活動内外の、あらゆる場と機会において指導されるものであるから、その指導方法は多様であり、特定することはむずかしい。しかし、児童生徒の発達的特性からみて、上の図2をモデルに、次のような形態を考えることができる。

(1)　指示・命令による方法
(2)　模倣による方法
(3)　習慣化による方法
(4)　自発的・主体的実践をうながす方法

この指導方法は、一般に他律的段階から自律的段階へと発展する子ども道徳性の発達段階に相応するものである。(1)と(2)は他律的な方法であり、(4)は自律的な方法である。(3)はその中間領域である。もちろん、他律的な手法がとられる場合でも、子どもたちの内面性が十分に培われるように配慮されなければならない。

ノーマン・ブルによれば、道徳的アノミー段階では、快・苦という、いわば本能的な感情が考え方や行動を支配する。この段階は道徳以前の状態だから、道徳的実践という観点からは問題にならないが、快楽原則(ほめられることは快であり、叱られることは苦である)を適用すれば、道徳的によい方向へ動機づけることはできる。

次に、他律期といわれている段階では、身近な大人(特に親や教師)に対する尊敬や従順という特性がみられる。いわゆる大人の権威に従う時期である。この特性を考慮して、指示や命令によって基本的生活指導の形成をはかる指導方法がとられる。指示や命令にしたがわないとき、その対応は処罰の対象になる。この期の子どもたちは大人の賞・罰を自らの善・悪の判断の基準とする。ほめられることはよいことであり、叱られることは悪いことである。

模倣による方法は、大人の模範や手本を前提とする。子どものまえに、よい道徳的行為がしめされなければならない。子どもたちは意識的・無意識的にこのモデル通りにふみ行うことによって、道徳的行為を身につけていく。「模倣は、未経験の事態に当面して行動するばあい、そのときの欲求を満たすのに最も有効な行動様式がどのようなものであるかを最も速く簡明に知る方法である」。しかし、この方法はあくまでも大人への依存によって行われるものであるから、この状態から早く脱するような配慮がなされなければならない。

習慣は第二の天性といわれるように、習慣化の方法は、基本的行動様式の形成・定着をはかるうえで最も適した方法である。子どもに望ましい行動の型を示し、それを反復行動させることによって、その行動様式は子どもの「習い性」となる。習慣とは、学習によって後天的に獲得され、反復によって固定された行動様式である。

(4)の方法は、主として小学校の高学年児童あるいは中学生の場合にとられる指導方法と考えられる。この方法の場合、道徳の時間はもとより、個々の具体的な実践場面においても、自分の生活目標を自覚し、道徳的価値を主体的に自覚的していくように、指導されなければならない。

四節　道徳的体験の充実と特別活動

現行の教育課程においては、各教科の共通的な改善の一つとして「体験的な学習」や「問題解決的な学習」の充実が強調されている。その意図は「自ら学ぶ意欲を高め主体的な学習の仕方を身に付けさせる」ような学習指導体制への転換を図ろうとすることにある。

道徳教育の改善の基本方針としても、「学校において道徳教育を進めるに際しては、豊かな体験を通して児童生徒の内面に根ざした道徳性を育てるように配慮し、それが日常生活における道徳的実践に生かされるよう指導の充実を図る」ことが強調されている。

1　道徳的体験の場

さて、学校の教育活動における豊かな体験の場は、特別活動である。特別活動の領域は学級指導・児童会(生徒会)活動・クラブ活動・学校行事であるが、それぞれの領域における実践的な集団活動は、「集団の一員としての自覚をふかめ、協力してよりよい生活を築こうとする自主的、実践的な態度を育てる」ことをねらいとしている。

学級指導は実践的生活態度の確立に配慮して行われるが、実践指導そのものの場ではない。したがって、道徳的実践の指導の場としては、やはり児童会活動や学校行事が中心になる。

児童会(生徒会)活動は、児童生徒の自発的、自主的な実践活動としての特質をもっており、その点から道徳的実践の指導には最適の場である。直接に身体を通じて学ぶ実践活動として、児童生徒は自主性、連帯感、協力、責任、奉仕などの道徳性を体験することができる。学校行事においては、集団の規律を実践的に学びとらせる場として、協力、節度、勤労、責任などの道徳性を高めることができる。

学校行事のなかでも、特に「遠足・集団宿泊的行事」と「勤労生産・奉仕的行事」は、道徳的体験の場として重要な意味をもっている。遠足・集団宿泊的行事では、遠足、修学旅行、野外活動、集団宿泊などの活動を通して、集団生活への適応、自然との触れ合い、奉仕や勤労の精神などの体験をすることができる。また、勤労生産・奉仕的行事としては、飼育栽培活動、校内美化活動、学校園の手入れ、校庭の除草活動、学校周辺の公道の清掃、公共施設の清掃などがあり、それらを通して体験的な活動を創意工夫することが大切とされる。

ただ特別活動における道徳性の指導は、具体的な生活場面に即した実践的な活動であるから、偶発的、断片的な指導になることが多い。しかし、特別活動の実践的活動が道徳の時間に生かされ、補充・深化・統合されることによって、道徳的な価値の内面化が図られ、道徳的実践がうながされることになる。

このように、特別活動と道徳との関係は、特別活動の自発的、自主的、実践的な活動が、道徳の時間に生きた材料として生かされ、それが道徳の時間において補充・深化・統合され、また、道徳の時間で育てられた道徳的な判断や心情が、特別活動の実践活動の具体的な場面で生かされるという密接な関係をもっている。

2 為すことによって学ぶ

最後に、体験を重視することの意味について簡単に触れておこう。わたしたち日本人は、長い間英語を学習してきたが、外国人のまえにでると、なかなか英語で話すことができない。そういう経験をもっている人は少なくない。なぜか。それは、従来の日本の英語教育が「読み書き」中心で、会話力を育てるための「話す聞く」の教育に重点をおいていなかったからである。さらには、外国人と直接話す実践的経験をもっていなかったからである。実際に、外国人と話す、そういう体験を通して、わたしたちの会話力はみがかれてくるのである。もちろん、そのための基礎的基本的な語学上の準備が、学校の日々の授業でなされることを軽視したり、否定したりするものではない。

このことから類推すればわかるように、基本的には道徳的実践力も道徳的実践そのものを通して形成されるのである。戦後の日本の教育のバックボーンを形成したデューイの教育思想を想起していただきたい。デューイは知識と行動との不可分な関係を強調した。かれが知識について語る場合、それはわたしたちがそれをもっていることを意識する品物のようなもの(所有物としての知識)ではなく、わたしたち自身の一部であり、いつでも使用に応じようとする意識的な身構え(生きてはたらく知識)のことであった。それでは、そのような知識はどのようにしたら手に入れることができるか。「初めに、行動ありき!」である。

学習は行動的事態、つまり解決をせまる問題的状況からはじまる。そして、その問題的状況を解決(打開)する過程で、その問題に即して、その問題にからんで、知識は獲得されるのである。「為すことによって学ぶ」という原理は、わたしたちが普通考えているように、「知識→行動」とか「行動→知識」とかいうような、直線的な過程をたどるのではなく、「行動→知識→行動」という、螺旋型的な展開をする。「豊かな体験を通して児童生徒の内面に根ざした道徳性を育て、それを道徳的実践に生かす」教育の原理は、ここにあると考えられる。

参考文献

1 文部省『小学校指導書　道徳編』一九八九年。
2 文部省『中学校指導書　道徳編』一九八九年。
3 文部省『小学校指導書　特別活動編』一九八九年。
4 文部省『小学校における基本的生活習慣の指導』一九八五年。
5 押谷由夫『総合単元的道徳学習論の提唱』文溪堂、一九九五年。
6 教師養成研究会『道徳教育の研究』学芸図書、一九六八年。
7 竹ノ内一郎『実践力を育てる道徳の授業』新光閣書店、一九八二年。
8 林達夫他編『哲学事典』平凡社、一九六九年。
9 藤田昌士『道徳教育―その歴史・現状・課題』エイデル研究所、一九八五年。
10 福武直他編『社会学事典』有斐閣、一九六八年。
11 ブル『子供の発達段階と道徳教育』(森岡訳) 明治図書、一九七七年。
12 村田　昇『道徳教育改善の方向』三晃書房、一九八九年。
13 森岡卓也『子どもの道徳性と資料研究』明治図書、一九八八年。

第四章　道徳教育の授業設計と実践

一節　道徳の授業設計

1　道徳教育の動向と課題

二一世紀にむけての教育改革をめざして教育課程の改善に取り組んだ教育課程審議会(昭和六二年答申)は、「豊かな心を持ち、たくましく生きる人間の育成」をその基準の改善点の第一にあげ、その中心的役割を果たす道徳教育の充実を強調した。

「道徳的人格の育成」が教育の究極の目的であり課題であることは、教育の歴史をひもとくまでもなく明らかなことである。しかし、このことが今日取り立てて問題にされるには、それなりの理由があることであろう。経済の高度成長に伴う家庭や社会の構造的変化(都市化・核家族化現象)、そのことによる家庭や地域社会の教育力の低下、学校教育における業績主義・能力主義の一面的貫徹とその歪み、これらのことと、青少年の道徳性(規範意識)の欠如、無気力・いじめ・自殺・非行などの問題状況とは無関係ではなかろう。このようにとらえてくれば、道徳教育の今日的課題は、家庭や地域社会をも視野に入れた総合的な計画のもとに、学校における道徳教育の充実を図ることにあるといえるであろう。道徳の時間の指導も、このような展望のもとに見直されるべきである。

さて、道徳教育の改善の基本方針は、およそ次の三つにまとめられる。

第一に、「人間を尊重する精神や生命に対する畏敬の念を培うことを基盤として、民主的で文化的な国家・社会の発展に努め、進んで平和的な国際社会に貢献できる、主体性のある日本人を育成する」こと。この面での改善は、道徳教育の目標規定に現れている。

第二に、「道徳教育の内容については、その一貫性に配慮しつつ、社会的な状況や現在までの道徳教育の実態を考慮しつつ再構成し、児童生徒の道徳性の発達等に応じて重点化を図る」こと。今回の改善で最も大幅で顕著なものは、この面である。

第三に、「豊かな体験を通して児童生徒の内面に根ざした道徳性を育てるように配慮し、それが日常生活における道徳的実践に生かされるよう指導の充実を図る」こと。ここには、道徳の指導において道徳的実践と道徳的実践力の関係を理解し、両者を考慮した指導をする必要性が強調されている。

それをうけて、新学習指導要領(平成元年)では、道徳教育の目標と内容構成において大幅な改善が行われた。目標に関しては、周知のように、「人間尊重の精神」と並んで「生命に対する畏敬の念」が新たに加えられた。それは、人間尊重の精神をより深化させようとする趣旨によるものである。またさらには、「主体性のある」日本人の育成が強調されている。つまり、学校における道徳教育においては、社会の変化に主体的に対応し国際社会に生きる主体性のある日本人を育成することが求められているのである。また、内容に関しては、従来の学習指導要領の道徳的価値項目があまりに「総花的、羅列的で児童・生徒の発達段階に即応した重点化がしにくい」との批判をうけて、内容の全面的な見直しと再構成を行い、さらには小学校低・中・高学年、中学校の各段階ごとの指導の重点内容を示している。このように、今回の道徳教育の改善は、昭和三三年に道徳の時間が特設され、道徳教育が教育課程にはっきり位置づけられて以来、規模の大きいものである。

ところで、道徳の時間が特設されてからもう三〇年を越えたが、道徳教育は学校の教育活動全体を通じて行うという原則は、当初より何ら変わっていない。新学習指導要領においても、この原則は踏襲されているのである。したがって、道徳教育は道徳の時間だけに責任を負わせるべきものではなく、各教科や特別活動も、それぞれの特質に応じて適切な指導を行わなければならないのである。そうはいっても、道徳の時間が各教科や特別活動など行われる道徳教育の要として重要な役割を担っていることは申すまでもない。

2　道徳の時間の性格と役割

道徳の時間は、学校の全教育活動を通じて行う道徳教育の目標をそのままうけつぎながらも、とりわけ「道徳的実践力の育成」をめざしている。ところで、道徳的実践力とは、一体何のことか。道徳的実践力が身についたといえるのは、子どもたちがどのように変容したときなのか。このことを明らかにしておくことは、道徳の授業実践にとって、まず何よりも重要なことであろう。

文部省発行の道徳指導書には、それは「一人一人の児童が道徳的価値を自分の内面から自覚し、将来出会うであろう様々な場面、状況においても、道徳的価値を実現するための適切な行為を主体的に選択し、実践することができるような内面的資質を意味しており、主として、道徳的心情、道徳的判断力、道徳的実践意欲と態度を包括するもの」とある。とすれば、それは実践そのものではなく、その前段階のある性質をいい表しているということになる。

もともと教育一般が単なる行為や体験ではなく、それへの準備性、つまり内面的資質の啓培を直接目標にしている。たとえば、記憶力・理解力・判断力・創造力・表現力などの諸能力、技能、態度、心構え、興味、意欲などは、教師が最も心をくだく内面的資質そのものである。道徳の内面的資質とは、前述のように「道徳的心情、道徳的判断力、道徳的実践意欲と態度を包括するもの」であるが、それは一般的に道徳性の諸相として説明されているものである。それらは、一応分析的にとらえられているが、それぞれ独立した特性ではなく、相互に深く関連しながら一つの全体を構成しているものである。このことは、次に述べることとともに、道徳の指導上特に留意していなければならない観点である。もう一つのことは、道徳的実践力は徐々に、しかも着実に養われることによって、潜在的、持続的な作用を行為や人格に及ぼすものであり、長期的な展望と綿密な計画に基づいた指導がなされなければならない点である。性急な成果や効果を求めて指導にあたると、指導を誤ってしまうことになりかねない。

3　年間指導計画と主題構成

新学習指導要領では、道徳教育の全体計画と道徳の時間の年間指導計画を作成し、提出することが義務づけられた。道徳の全体計画は、学校における道徳教育の基本的方針を示すとともに、学校の教育全体を通して、道徳教育の目標を達成するための方策を総合的に示した教育計画である。そして、年間指導計画とは、道徳の時間の指導が、道徳教育の全体計画に基づき、児童の発達に即して計画的、発展的に行われるように組織された全学年にわたる年間の指導計画のことである。具体的にいえば、道徳の時間に指導しようとする内容について、学年段階に応じた主題を構成し、この主題を学年別に年間にわたって適切に位置づけ、配列したものである。

新学習指導要領は、指導すべき内容項目(道徳的価値を含む内容)を四つの視点から分類し、また児童の発達的特性に応じて重点化が図られるように配慮してある。たとえば、「関連的、発展的指導の工夫」として、内容相互の関連を考慮した指導や六年間を見通した発展的な指導が行えるように心がけること、また「道徳の時間における重点的指導の工夫」では、特定の内容項目の指導時間数を増やして、主題の配列の仕方を工夫したり、ねらいや資料の質的な深まりを図ったりして、指導の効果をあげるように配慮すること、などが強調してある。

ところで、授業は目標・内容・方法・媒体(教材・教具)をその基本的な構成要素とするが、道徳の授業の場合、とりわけ主題(目標と内容の構成体)の構成はきわめて重要な位置をしめる。主題とは「指導を行うに当たって、何をねらいとし、どのように資料(生活経験を含む)を活用するかを構想する指導のまとまり」である。換言すれば、それは「道徳的価値とそれに迫る資料から成立する指導上の単位」ということになる。そこで、主題構成はねらいとする道徳的価値を明確にし、どのような資料を活用し、どのように指導していくかを構想する一連の作業ということになる。

主題構成の手順としては、次のようなものが考えられている。①学習指導要領の内容を正しく把握する。②指導内容との関連で児童の道徳性の実態を把握する。③適切な資料を選定し、その内容について理解を深める。④ねらいを明確に定める。⑤展開の大要及び指導の方法を考える。

4　授業設計とその観点

道徳の時間特設の当初、この時間をどのように運用するか、つまり道徳の時間の授業設計は、研究者にとっても実践家にとっても大きな課題であった。発足当初は、生活上の問題解決を主軸にすえた生活指導的発想や生活主義的発想の道徳授業が支配的であったが、読み物資料の整備とともに、価値の理解を中心にすえた価値主義的道徳授業へ展開していった。さらには、「生活」と「価値」との統一、つまり生活主義と価値主義とを止揚・統一しようとする第三の立場、新価値主義的発想の道徳授業が登場する。この間の事情は、宮田丈夫の『教育の現代化と道徳教育』に詳しい。

授業設計という場合、授業をどのようにとらえるか、いわゆる授業観が決定的な意味をもってくる。授業を知識・技能の伝授としてとらえる「教授」観に立てば、それはいわゆるヘルバルト学派の「予備・提示・比較・概括・応用」の五段階教授法を応用すれば、こと足りるかもしれない。しかし、戦後はその呼称に若干の違いはあるが、子どもの学習を指導したり援助したり誘導したりすることを授業ととらえ、「学習指導」という概念が定着してきたと考えられる。それは、何よりも学習における子どもの自主性・自発性を中核にすえようとする思想的表明であった。

今回の教育課程審議会の答申においても、教育課程の基準の改善の柱の第二に、「自ら学ぶ意欲と社会の変化に主体的に対応する能力の育成」を図ることがあげられている。主体的に対応できる能力には、思考力・判断力・表現力などの能力が考えられているが、これらの能力は子どもたちが自ら考え、判断し、表現することに重点をおいた学習活動において育成されるものである。ここには、子どもたちが自らの興味・関心を生かして、意欲的に学習課題に立ち向かっていくような、主体的な学習の構えへの転換が意図されているのである。教師自身も、そのような学習指導の体制へと、自らの指導の構えを変えなければならない。むかしのような、教師が教科書に書かれていることがらを絶対の「真理」であるかのように、子どもたちに伝授していた授業方式では、今日期待されているような子どもを育てることはできない。道徳の授業においても、この原理は生かされなければならないのである。

さて、「授業設計」という用語は、教育工学の研究の影響によるところが大きいとされている。「授業設計は、教育工学においての中心的課題であり、授業技術学あるいは授業工学として研究されている。授業の実施段階あるいは実施後の教育成果として実現されることを、いろいろな要因を考慮にいれながらイメージ化し、分析し、構造化し、さらに指導案や教材を準備することが求められる」と。授業設計とは、一般的に「授業の実施に先立って行われる、授業についての計画、分析、教材製作などの準備活動」を意味する。これは、従来「授業準備」とか「授業計画」とかよばれていたものである。授業構成を設計・実施・評価のサイクルとして位置づけた場合、授業設計は実施にはいる前の最初の準備段階と考えられる(狭義)が、しかし実施段階での再設計、評価から設計へのフィードバック機能を考慮にいれると、広義には設計から評価までの一連の活動のなかでの設計行為を意味するものと考えられている。たとえば、実際の授業場面では、実施段階においても指導案や教材、教師の教授行動を直前になって変更する場合もあり、また評価段階においては設計したものを修正し改善して次の授業に臨むことが多い。

以上のように、授業設計という言葉は広狭二つの意味をもっているが、ここでは広い意味を考慮にいれながらも、授業の実施にはいるまえの準備段階の諸作業である、ととらえておきたい。

ところで、道徳教育の授業設計の基本的作業としては、次のようなものが考えられる。①目標・内容の分析と決定、②学習者の実態把握、③主題構成と資料分析、④指導過程の構造化、⑤指導の具体的方策の決定、⑥予想される学習者の反応の検討、⑦発問の工夫・板書計画、⑧学習指導案の作成、である。これらの諸作業は、最終的には⑧の学習指導案に結晶することになる。次に、学習指導案の作成の仕方について述べ、その他の事項の説明は省略する。

5　学習指導案の作成

次頁に示した学習指導案は、附属K小学校における教育実習生のための指導案の作成要領である。指導観の欄の右側には、記述上の観点が示してある。指導観の記述は内容(主題)観から始まるのが一般的であるが、児童観が最初にあるのは、子どもの主体的な学習を指導の中核にすえようというこの小学校の教育理念のあらわれである。

また学習指導の展開場面では、どのように指導過程を構成するかが問題となる。指導過程は、形式的には、導入・

第○学年○組　道徳学習指導案

指導者　○○　○○

1 主題名○○○○（思いやり・親切）

2 指導観

◇（児童観）

①本学級の子どもたちは，……

②しかし，……

③このことは，……

④そこで,……この期に本主題を取り上げる。

⑤そして，……

⑥このことは，……

◇（内容観）

①思いやり，親切とは，……

②その内容は，……

③そこで，……

④思いやり・親切については,低学年では……。さらに，第３学年では……を学習した。これを受けて本主題では，……を学習する。このことは，高学年での……の学習へと発展するものである。

◇（指導観）

①本資料は，……

②本主題の指導にあたっては，……

③そのために，……

④まず，導入の段階においては（～させることによって～をとらえさせる)。次に,……。そして展開段階においては，……。さらに，……。最後に，終末段階では，……。

＜記述上の観点＞

☆児童の実態・発達の特性からみた価値

①指導内容に関する子どもの意識や行動のよい面の実態

②不十分な面の実態を①との関連で書く。

③不十分な面の原因分析

④子どもの発達の特性

⑤子どもに身につけさせる主題のねらい

⑥本主題を指導することの意識

☆本主題についての指導内容と指導系統

①現代社会における主題の重要性

②主題についての意味・内容

③本時におさえたい内容・ねらい

④低・中・高学年における指導内容の関連と系統

☆指導の方向と方法

①資料の筋・特性と資料についての解釈

②本主題のねらい

③本時指導の方法（②にせまるための）

④具体的活動（方法と内容）を段階をおって書く。

3 目標

例えば、学習させる内容を含めて、態度目標で表す。(～する態度を育てる。)

4 計画（１時間）

１．資料「　　」を通して、思いやり、親切のたいせつさについて話し合わせる。(1)本時

5 本時　　平成　年　月　日（　）第　校時　年　組教室において

6 準備

・児童側　　　　・教師側

7 過程

段階	学　習　活　動	主な発問と指導上の留意点	ね　ら　い
導入	子どもの主体的な学習の順序で 1（子どもの活動で） ・表現する ・話し合う	学習活動を活発にし、ねらいへ迫るための教師の具体的な手だて 1（学習活動の番号と対応させる） ・指導内容を箇条書きする。 ※具体的な手だて（とくに強調するもの）	子どもの学習活動をどんなねらいへ方向づけるかを書く。 ・態度、能力、把握、感得、自覚など
展開	2・振り返る ・まとめる　など 3 4	2（上位活動） ○（下位活動） 発問（四角のワクで囲む） ・とらえさせる内容を ・　〃 ※強調する手だてがあれば書く。 ○（下位活動） 〃 〃 〃	（学習活動と対応） （ねらいの深まり）
終末	5		

図　学習指導案の作成モデル

展開・終末の三段階が考えられているが、その内実は各主題ごとに、主題の特質や学級の実態に応じて、指導者が自らの創意と工夫によって構成すべきものである。

二節　道徳授業の実践

1　第三学年主題「ビニルぶくろに入ったヘレン＝ケラー」（正直・明朗）

(1)　授業のねらいと内容

中学年の実践事例として、K小学校におけるA教諭の右記主題の授業実践を取りあげてみよう。ここでとりあつかわれた内容は、新しい学習指導要領における四つの視点の1の視点である「主として自分自身に関すること」の(5)「正直に、明るい心で元気よく生活する」である。この内容項目は、低学年の1―(4)「うそをついたりごまかしをしたりしないで、素直に伸び伸びと生活する。」を発展させ、高学年の1―(4)「誠実に、明るい心で楽しく生活する。」へ発展し、「誠実・明朗」が一層焦点化された、と位置づけられている。

さて、本主題の資料「ビニルぶくろに入ったヘレン＝ケラー」は、次のような内容構成である。

主人公・太郎は、一か月も入院している花子に、図書館からヘレン＝ケラーの伝記を借りてもってきてあげる、と約束する。ところが、約束の本をもっていこうとするとき、田舎から久しぶりに祖母がやってきて、楽しい買い物や食事にいこうと誘うのである。太郎は約束の本をもっていこうか、それとも祖母と一緒に買い物にいこうか、と一瞬迷うのである。しかし、太郎は花子との約束を果たすために、雨のなかへ飛びだす、という筋である。

あれかこれかという迷いのなかで、花子との約束を守るという行為を太郎に選択させたものは、一体何であったか。この探究が、この資料の中心課題である、と授業者は指摘している。そこで主眼は、次のように設定された。

① 我欲にとらわれることなく、迷いを乗り越え約束を守ろうとする自分自身の心の動きに忠実に行動しようとする態度を育てる。

② 自己の体験に内在する問題要因をほりおこし、登場人物の心情を自分なりに表現し、相互交流により視点を多面化して関係づけ、それをもとに自己の体験を再構成することにより、人間としての在り方を自覚するようにする。

①の主眼は、道徳的内容項目（正直・明朗）にかかわるもので、実質陶冶的側面である。それに対して、②の主眼は後述するように、授業研究のために、研究主題とのかかわりおいて設定されたもので、形式陶冶的側面をなす。計画は一単位時間で設定されている。

(2) 展開

学習の流れは、「自己を見つめる」（導入）「自己を推し拡げる」（展開）「自己を見つめ直す」（終末）の三段階で構成されている。

導入の段階では、児童にとっては「自己の在り方を見つめ、学習の方向をつかむ」ことが課題で、約束を守るときに迷った体験、そこに内在する問題要因をほりおこすことにより、学習のめあてをつかませる。

展開では、資料「ビニルぶくろに入ったヘレン＝ケラー」をもとに、登場人物の心情、つまり迷いながらも、その迷いをのりこえて本をとどけるために外に飛びだしていった太郎の気持ちを追求させる。ここでは、迷いから決意にいたる太郎の心の動きを、心情図に描かせたり、役割演技をさせることにより、多面的にとらえさせる方法上の工夫がなされている。

終末の段階では、再度自己体験に振り返らせ、道徳的行為を阻害していた要因を取り除かせる。そして、個別性・関係性の観点からみて高まった心情を取り入れることにより、人間としての在り方を自覚することができるようにするのである。

次に、学習指導案にかえて本時学習の流れ図を示してみよう。

《自己をみつめる》

◇自己の在り方を見つめ、学習の方向をつかむ。

友達との約束を実行するとき、迷ってしまったそのわけ。

《約束したこと》
・一緒に遊ぶ
・一緒に帰る
・秘密を守る

《迷ったわけ》
・叱られるから（自己防衛）
・疲れる（逃避欲求）
・他と遊ぶ（自己本位）

約束したときに大切な気持ちは何だろう。

《自己を推し拡げる》　◇他者の行為と心情を追求し、自己の考えを深める。

迷いながらも決心して本を届けにいった太郎君は、どんな気持ちや考えだったでしょう。

・食事に行きたいなあ
・雨が降っているからいやだなあ
・約束したけど、持っていきたくないなあ

・花子さんを悲しませてはいけない
・自分の気持ちが落ち着かない
・家族もおばあちゃんも分かってくれる

〔自分自身〕
自分がした約束だから守ろう
自分の気持ちが落ち着かない

〔花子〕
花子さんは待っているだろう
持って行くと喜ぶだろう

〔家族〕
家族も分かってくれるだろう
おばあちゃん、ごめんね

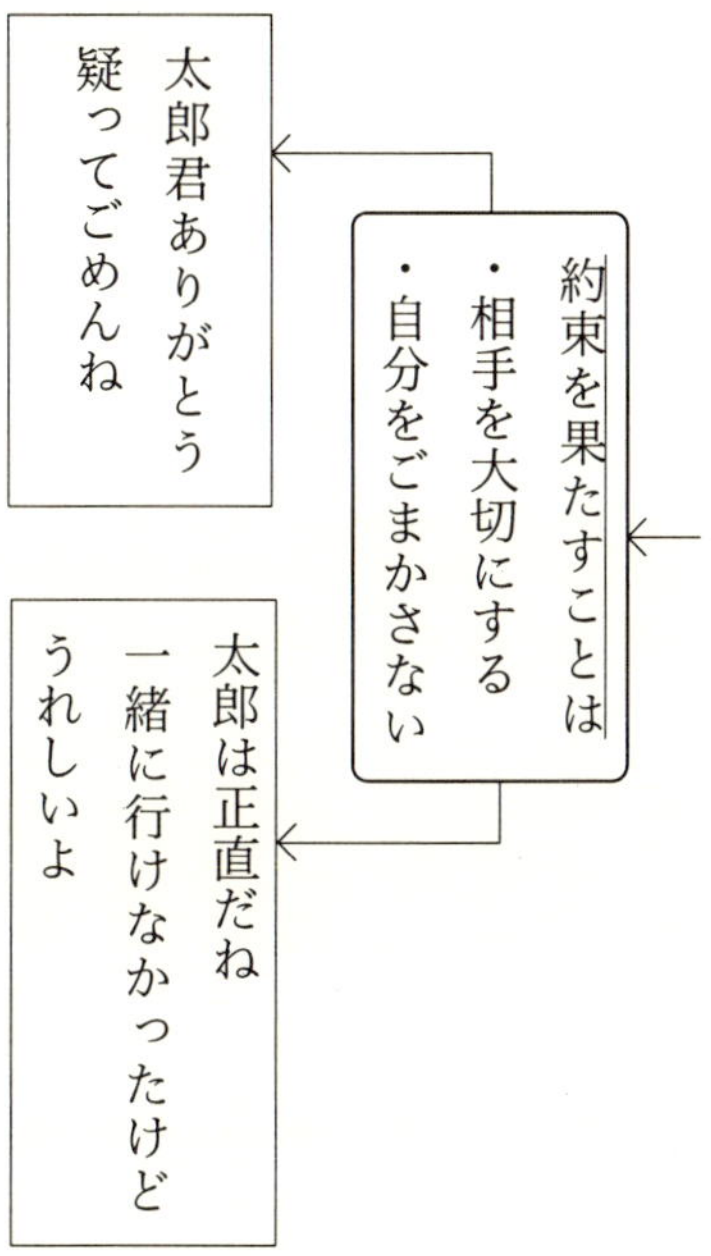
約束を果たすことは
・相手を大切にする
・自分をごまかさない
太郎君ありがとう
疑ってごめんね
太郎は正直だね
一緒に行けなかったけど
うれしいよ

《自己を見つめ直す》◇自己の在り方を見つめ直し、道徳的に再構成する。

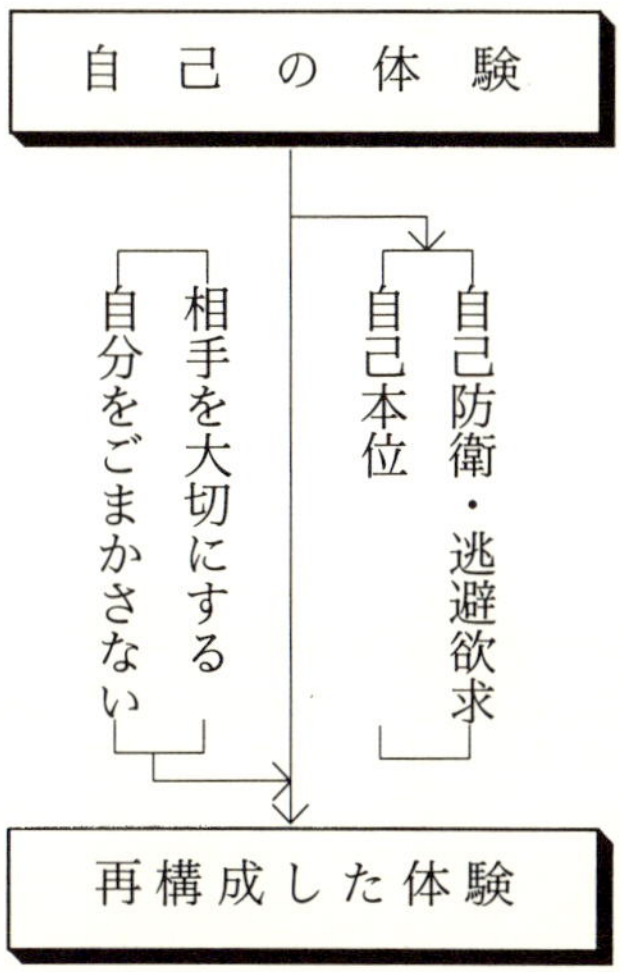
自己の体験
自己防衛・逃避欲求
自己本位
相手を大切にする
自分をごまかさない
再構成した体験

(3) まとめ

この学習指導案は、A教諭の研究主題「人間としての生き方の内面的自覚を図る道徳学習指導」の実証のために設計されたものであり、一般化するにはやや難があるかもしれないが、しかし授業改善のための研究授業としてはっきりした意図のもとになされたものであり、その意味では十分に参考になりうるものである。

2 第六学年主題「浦島太郎の行い」(動植物の愛護・生命の尊重)

(1) 授業のねらいと内容

新学習指導要領は「人間尊重の精神をさらに深化させ、生命に対するかけがえのなさを理解させる」ために、道徳教育の目標に「生命に対する畏敬の念」という文言を新たにつけくわえた。そのことによって、これまで単に「生物学的生理学的次元」でとらえられがちであった「生命の尊重」という道徳的価値の内容は、「いのちとして人格とのかかわりにおいて自覚されるべきである」と深化された。わたしたちが「人間存在の根源を尋ね、自己の存在や生命そのものの意味を深く問い求め、主体的に自覚するならば、生命のかけがえなさ、生きとし生けるものに対する慈しみや恐れ、敬い、尊ぶことの大切さに気付かざるをえない」だろう、という新しい生命観が提示された。

ところで、生命のかけがえなさ、いのちあるものに対する恐れ・敬い・慈しみ・尊ぶことの大切さの自覚から、人間がよりよく生きるとはどういうことか、について子どもたちに考えさせるために、わたしは附属K小学校の五年生の児童を相手に、「浦島太郎」の昔話を題材にして道徳の学習指導を試みたことがある。それは、「人間の生命は他の生命の犠牲のうえに成り立っていることに気づかせ、人間が生きるということ、よりよく生きるということの意味を、より深い次元で受けとめて生きていくことの大切さについて考えさせる」ことをめざしたものであった。

浦島太郎は、子どもたちにいじめられていた亀を助けてやった憐れみ深い人である。かれは、その善行のゆえに竜宮城に招かれて歓待をうけ、そのもてなしに時の移るのを忘れてしまったほどである。ところが、その浦島は多くの魚をとる（殺す）ことをもって渡世とし、亀を助けてやったそのときも、海へ魚をとりにいっての帰り途であった。魚とりは常住不断のことなのであり、子どもたちから亀を救ってやったのは一回限りのことであった。ところが、かれはその一回限りの善行のゆえに、憐れみ深いやさしい人だと称えられているのである。

そこで、導入段階では浦島太郎が亀を助けた場面から、浦島のやさしい人柄を十分に押えておく。次に展開段階では、浦島は漁師として毎日魚をとって生計を立てていることに気づかせる。漁師としての仕事は、浦島にとって生計を維持し生存していくうえで不可欠の役割であることを押えておく。そして、亀の側からみていた浦島太郎の人柄や立場を、今度は魚の側（魚の気持ち）から考えさせ、自分の立場を意識しながら、動物に対する態度や心構えを考えていくようにさせる。終末段階では、浦島太郎の行為や立場を事例として、他の生命の犠牲のうえに成り立っている人間の生の意味を考えさせる。その具体的な展開事例として、次に学習指導案の展開部分のみを提示しよう。

(2) 展開

過　程

学　習　活　動	指　導　上　の　留　意　点	備　　考
1）資料『浦島太郎』を読んで，本時学習のめあてについて話し合う。	1．資料『浦島太郎』の亀を助けた場面から，子どもたちが設定しためあてを整理する（道徳の学習についての子どもたちの既有の観念や概念に留意しながら）。 ＊予想されるめあて ・浦島太郎はどのような心をもった人か，考えよう。 ・浦島太郎が亀を助けた時の気持ちを考えよう。 ・浦島太郎が亀を助けたわけを考えよう。 ＊子どもたちのめあてを整理して，本時のめあてをはっきりさせる。 浦島太郎の物語を読んで，人間の生き方を考えよう。	・勉強の仕方など，授業者の意図を明確にしておく。 ・めあての明確化
2）問題場面の状況を分析し，その問題性を究明する。	2．資料『浦島太郎』を読んで，状況分析をさせる。 ①浦島が亀を助けるまでの場面の状況分析 ＊登場人物・動物，それぞれの関係，浦島の人柄 浦島太郎　子どもたち　亀 お金をやる　いじめる 助ける⇨やさしい，情け深い，よい人 ＊この段階で，亀だけでなくほかの動物にも浦島太郎のやさしい人柄は及んでいくことを十分に押さえておく。 ②漁師としての浦島の役割と行為を究明させる。 浦島太郎 ＝漁師＝魚をとる⇨　？ ＊漁師としての仕事は，浦島にとって生計を維持し生存していくうえで，不可欠の役割であることを押さえておく。 ③亀の側からみていた浦島太郎の人柄や立場を，今度は魚の側（魚の気持ち）から考え，そこから動物に対する態度や心構えを考えていくようにする。	・状況分析の際，亀を助けた浦島の人柄を十分検討しておく。 ・漁師という仕事と魚をとることとの関連 ・観点変更
3）魚の立場（気持ち）から，浦島の行為や立場について考え，話し合う。	3．浦島太郎の行為や立場を事例にして，他の生命の犠牲のうえに成り立っている人間の生の意味を考えさせる。 ＊役割演技あるいは代表討議方式により，魚・浦島・亀の立場（役割）と気持ちを追究させる。 魚をとる浦島　浦島の立場（役割）と人柄　亀を助けた浦島 ・亀さんは助けて，わたしはなぜ助けてくれないの。 ・浦島さん，ありがとう。浦島さんはとっても心のやさしい人だ。 ＊根源悪にねざすこの絶対的矛盾性を，子どもたちはどのように克服して解決しようとするか，慎重に追跡する。	・代表3名の考えに対して，フロアからも発言させる。 ①魚から浦島へ ②浦島から魚へ ③亀から魚や浦島へ ・自分たちの生存・生き方と関連づけて 無関心・無視 代償 ざんげ・感謝 犠牲の縮小
4）本時学習のまとめをする。	4．本時学習のまとめをする。その際，教師の押し付けがましい道徳的結論は用意しない。	

(3) まとめ

子どもたちがこの事態をどのように受けとめたか、かれらの感想文からひろってみよう。

① 「私は自分で動物なんかを大切にしようと思っていましたが、毎日毎日食べている魚や肉は(動物ですから)動物を殺していることになるにちがいないと思いました。でもそれなら、私たちは何を食べて生活しなければならないのでしょうか。そこがわかりません。けれども、動物を大切にということは、捨て犬をしたり、飼っている動物にえさをあげなかったりせずに、毎日さん歩につれていったり、動物のすきな食べ物をやったりすることではないかなあと思います。……」

この子どもは、「生命の尊重」と「動植物の愛護」という道徳的価値の矛盾に逢着し、戸惑いながら、しかしごく日常的な次元で動物愛護の考えを展開している。

② 「私は、浦島太郎は半分半分の心を持った人だと思う。カメを助けたりしてなさけ深くやさしい心をもっている。しかし、自分の生活のために魚を殺す悪いことをしている。浦島太郎だけじゃなく、人間みんながそうだ。私もその一人だ。そこで私が考えたことだが、人間は多くの生きものを殺し、それで生活している。……そこで、私たち人間は生きものを殺す代わりに、(他の)生きものをどんどんふやしていきたい。死んだ動物たちの仲間をどんどんふやしていきたいと思った。そういうことを考えると、浦島太郎は良い人でもあり悪い人でもあるんじゃないか。もっとも太郎は良い心の方が多いのではないか。ほんとうに悪い人だったら、カメを助けたりしないと思う。」

この子どもの考えは、まえの子どもより深まっていると評価できるのではないか。彼女は償いの気持ちから、他の動物を殖やすという代償行為を考えている。

③「僕は、今日の勉強で浦島太郎はやっぱりきれいな心をもった、思いやりのある人だと思います。それはカメのことを思い、なさけ深くにがして助けてやったからです。それから、浦島太郎は漁師だけど、これは人の生きるためだから、魚をとって食料にしたり売ったりするのは、そう悪いことだとは思いません。その魚だって、生きるためにはやはり何か生きものを食べているのです。それで、食料のために漁をすることなどをのぞけば、浦島太郎はやさしくて、思いやりがあった、なさけ深い人だと考えてもおかしくないと思います。」

この子どもは、「すべての生命は、他の生命の犠牲のうえに成り立っている」という生命の実相観を肯定したうえで、浦島太郎の行為の善悪を評価しようとしているのである。

さて、子どもたちの感想文にも現れているように、「生命の尊重」と「動植物の愛護」という二つの道徳的価値を徹底して追究していくと、わたしたちは人間の生存そのものにまつわりついた根源悪に根ざす絶対的矛盾性に逢着せざるをえない。人間は、一般に米や野菜、魚や肉などを食し、生命を維持している。つまり、それらがたとえ植物であれ動物であれ、その生命の犠牲のうえに、わたしたち人間の生命は成り立っている。わたしたち人間は、生への意志を放棄しない限り、このような宿業から逃れることはできないのである。ところが日常生活においては、わたしたちは人間の生存そのものにまつわりついたこのような根源悪には眼をおおって、表面的な道徳だけで満足して生きているのである。

しかし、真に道徳がこの世における人間の在り方・生き方に根源的にかかわるものであるとすれば、道徳の問題を考える場合、また道徳の指導をする場合、右に述べた事態の究明は避けて通ることはできないであろう。人間は他の生命の犠牲のうえに生存していること、その自覚に立って自他共存のよりよい生き方、つまり共生の生き方を求めていくとき、それはおよそ平板な道徳教育が求めている生き方とはその様相を異にするであろう。

三節　授業の改善のために

「授業を改善し、よりよい授業を実現していくことは、専門職としての教師の当然の義務である」(細谷他(編)『新教育学大事典』第四巻、一九九〇年)と、八田昭平は語っている。授業改善にとって、評価は最も重要なはたらきをもっている。

道徳教育における評価は、次の三つの観点からなされる。

つまり、①道徳性の評価、②道徳の指導計画の評価、③道徳の時間の指導に関する評価である。児童の道徳性の評価は、その実態把握の結果もふくめて、指導計画作成の基礎資料として活用され、児童の一人ひとりの個別的な指導に生かされなければならない。また、指導計画や指導方法の評価は、指導の改善を図るためになされるものであるが、ひいては児童の道徳性の育成につながるものでなければならない。ここでは、授業の改善のための評価として、③の評価問題に限定して述べることにする。

1　授業者自身による自己評価と改善

授業における評価の対象は、教師の授業の計画と進め方、および児童の学習活動やねらいの達成状況である。そしてその際、評価は授業者自身が行なう場合もあるし、その授業を観察している者が行なう場合もある。もちろんその授業を受けている児童の評価も無視できないものである。児童の感想や希望などが授業の改善に大いに役立つことは、日頃実践に従事している教師の経験することがらである。

さて、授業者自身による自己評価は、毎時間、指導する教師が記憶やメモ、あるいは児童のノートや記入用紙の記述、またＶＴＲなどによる録画や録音を利用してなされている。日常の授業改善は、このようにしてなされる場合が多い。しかし、この方法だけではほんとうに実りのある授業改善のためには不十分である。そこで、客観的な評価による授業改善のためには、定期的に授業研究を行ない、他の教師に観察してもらい、多方面から評価を受けることが大切である。そこで次に、ある国立大学の附属小学校における授業改善のための授業研究を紹介しよう。

2　授業分析による授業の改善

この授業分析の方法は、この学校において〈分析授業〉として開発され、授業の改善のために取りくまれているものである。この学校では、分析授業に入る前に〈前研〉―事前研究―と称して、提案された授業分析のための資料が検討される。提案は、まず初めに「本時分析の立場」を次にあげる四つの観点から明らかにし分析の視点を限定する。そして、それを若干の〈分析細目〉として具体化する。

(1) 価値内容のとらえ方および系統性
(2) 資料の分析
(3) 研究主題との関わり
(4) 学習活動の姿

この分析細目は、記録者が分析対象児童の学習活動や反応を観察や質問により記録する視点である。もちろん、教師の手だてと児童の反応を含めて全体的な記録が、映像による分析手段としての写真・VTR、また音声による分析手段としてのテープレコーダー録音、さらには直接観察によってなされる。では、第三学年主題「ビニルぶくろに入ったヘレン＝ケラー」の授業実践の事例で、授業改善の姿を具体的にみてみよう。

本時分析の視点は、「迷いを乗りこえて約束を守ろうとする自分自身の心の動きに忠実に行動しようとする態度を育てるために、次の手だては有効であったか」ということである。

(1) 自己の体験に内在する問題要因を掘りおこしてめあてをつかませ、
(2) 迷いながらも約束を守ろうと決心した太郎の気持ちを心情図に表現させ、
(3) 役割演技による相互交流により、視点の明確化・多面化、また焦点化・関係づけによりねらいにせまり、
(4) 自己の体験を再構成させたこと。

ここから、次のような分析細目が設定される。

【細目1】太郎が迷いながらも約束を守ろうと決心した気持ちを心情図（ふきだし）に表現させたことは、太郎が二つの心の葛藤を乗りこえたということを自分なりにとらえさせるために有効であったか。

【細目2】迷いを乗りこえた太郎の気持ちを、太郎になりかわって役割演技で相互交流させたことは、太郎の迷いに共感させ、また誰に対する気持ちかを明確にし、多面的に心情をとらえさせるために有効であったか。

【細目3】自己の体験をもとに、太郎自身への気持ちに焦点化し、また他の人々への気持ちへ関係づけさせたことは、自己も高め他者との関係の向上をも図る見方・考え方・感じ方をとらえさせるために有効であったか。


これらの分析細目は、次頁にあげる「分析記録用紙」にあるように、学習指導の過程に位置づけられている。また分析授業の実際においては、次のような役割分担が計画されている。

・全体観察……四名
・教師の手だてと児童の反応……三名
・写真・VTR……一名
・録音……一名
・分析対象児……〔道徳的心情面〕〔道徳的判断力面〕〔道徳的実践意欲面〕
C子ら四名　Y男ら四名　K男ら四名
※各児童にそれぞれ一人ずつ観察・質問者がつく。

第三学年菊組　主題「ビニルぶくろに入ったヘレン＝ケラー」（１－⑸）

記録者（　　　）先生　分析対象児（　　　）

教師の主な発言	分析細目（方法）	児童の反応と考察
T₁ みんなは、自分がともだちとした約束を守ったことと守らなかったことがありますね。守ったけれど迷ってしまったときのことについて発表してもらいましょう。 T₂ 守れなかったとき、あとでどんな気持ちだったかな。守れないでいいかな。 T₃ 今日は、どんなめあてで学習していきましょうか。 T₄ 「ビニルぶくろに入ったヘレン＝ケラー」はどんなお話でしたか。		○細目ではありませんが、T₂のあとに「守らなくていいかな」「学習してたいせつな気持ちを見つけていくことが必要かな」とたずねてください（そのわけも） 「守らなくていいか」 「学習の必要はあるか」 学習に臨む意欲面について考察をお願いします
T₅ 迷いながらも決心した太郎の気持ちの動きがわかるように図にかいてごらん。	細目１（観察・質問） 太郎の迷いながらも決心した気持ちを心情図（ふきだしも含む）に表現させたことは、約束を妨げようとする心と守ろうとする心が太郎のなかに混在し、守ろうとする心のほうが迷いを乗り越えたということを自分なりにとらえさせるために有効であったか。	○T₅のあと、道徳ノートに表現している図や内容から、約束を守らない心と守ろうとする心の両面をとらえているか、また迷いから決心への心の変化をとらえているか考察してください。 〔心情図〕　⇨　考察
T₆ 太郎になって、迷いながらも決心して本をとどけた気持ちを役割演技で表現してみましょう。 T₇ みんなの発言を分類してみました。それぞれ誰に対する気持ちでしょう。	細目２—①（観察・質問） 心情図に表現している迷いを乗り越えた太郎の気持ちを、太郎になりかわった役割演技で相互交流させたことは太郎の迷いに共感し、迷いを乗り越えた心が誰に対するものか〔視点〕を明確にし、多面化して心情をとらえるために有効であったか。	○役割演技によって、自分が表現していた心情をふくらませることができたか質問してください。「自分が書いていない太郎くんの気持ちがこの役割演技で見つかりましたか」とたずねてください。 〔児童の反応と考察〕 T₇のあと黒板に分類した心情が、それぞれ誰に対するものか〔視点の意識化・多面化〕たずねてください。 〔児童の反応と考察〕
T₈ 誰に対する気持ちを深く考えようか。 T₉ どうして自分の気持ちが落ち着かないのかな。 T₁₀こんな気持ちで行動すると、花子さんやおばあちゃんはどんな気持ちでしょう。 T₁₁今日の学習で学んだことを取り入れて自分を見つめ直しましょう。	細目２—②（観察・質問） 自己の体験をもとに、一つの視点（太郎の自分自身への気持ち）に焦点化して深めさせ、その気持ちで行為をすれば他の人々の気持ち（他の視点）はどうかということを明らかにさせたことは、自分も高め他者との関係の向上をはかる見方・考え方・感じ方をとらえさせるために有効であったか。	T₈のあと誰に対する気持ちを深く考えていけばよいかたずねてください。 〔児童の反応と考察〕 T₁₀のあと、心情関係図に表現したものをもとに、どんな気持ちで行動すれば、誰がどんな気持ちになるのかたずねてください。 〔考察〕
全体考察 分析ありがとうございました。		

分析記録用紙

このようにしてなされた観察記録は、授業後の〈整理会〉において報告され、授業設計、授業過程、その過程における個々の手だての妥当性が吟味される。また、授業者は、それぞれの分析細目における対象児の観察記録を、研究主題と照応させて吟味しながら、研究主題、研究仮説、仮説実証の具体的な手だてを再検討する。ここでは、実証授業を通して理論と実践との相互の生産的な改善がなされているのである。

この反省会で出された意見をもとに、授業者は授業を設計し直し、再度実証授業を実施することになる。このようにして、授業改善の努力がなされているのである。

参考文献

1 文部省『小学校指導書　道徳編』文部省、一九八九年。
2 文部省『中学校指導書　道徳編』文部省、一九八九年。
3 文部省『小学校道徳教育指導上の諸問題』文部省、一九九〇年。
4 文部省『中学校道徳教育指導上の諸問題』文部省、一九九〇年。
5 東洋、中島章夫監修『授業をつくる＝授業設計』（授業技術講座基礎技術編1）ぎょうせい、一九八八年。
6 東洋、中島章夫監修『授業を改善する＝授業の分析と評価』（授業技術講座基礎技術編2）ぎょうせい、一九八八年。
7 小笠原道雄編著『道徳教育の理論と実践』福村出版、一九八五年。
8 瀬戸真、押谷由夫編著『小学校新教育課程を読む〔道徳〕』教育開発研究所、一九八九年。
9 林忠幸、青木晃司「人間としてのあり方の内面的自覚と道徳の学習指導におけるその方途」『福岡教育大学紀要』第四一号　第四分冊、一九九二年。
10 細谷俊夫他編『新教育学大事典』第四巻、第一法規、一九九〇年。
11 村田昇、押谷由夫編著『小学校新しい道徳指導のポイント』東京書籍、一九九一年。

第五章　道徳の授業構成のための視点

一節　道徳的価値のとらえ方と指導のポイント

1　尊敬する心

(1)　とらえ方のポイント

『国語辞典』(三省堂)には、尊敬の語義は「地位、身分、能力などが自分より上の人に対して礼儀正しくふるまうこと」とある。もちろんこの場合、尊敬の対象は、尊敬に値する価値をもっている特定の人物ということになる。

このように、尊敬は他人に対する積極的な感情であり、現実の、架空の、歴史上の人物にむけられるが、封建的な社会におけるように、地位・身分・職業上の貴賤に価値基準をおき、その対象が地位・身分・職業上の上位者にむけられると、タテ社会の構造のなかで形式的に機能し、形骸化してしまう。

たしかに、尊敬は価値あるものの評価をともなうものであるが、基本的にはカントが語っているように、汝自身の人格における人間性、およびあらゆる他者の人格における人間性を、つねに同時に目的として敬い、けっして単に手段として扱ってはならないのである。現代のような民主的な社会においては、人格を人格として成り立たせているその人間性を根底にすえるべきであろう。

道徳教育においては、たとえば親、先生、高齢者、先人、公共のために尽くした人などが対象として取りあげられるが、その際重要なことは、人間の尊厳性についての共通の認識がえられ、それとのかかわりにおいて、尊敬する心の教育が図られることである。

(2) 指導上のポイント

学習指導要領道徳編では、「尊敬」は「2　主として他の人とのかかわりに関すること」に位置づけられ、内容項目としては「尊敬・感謝」にまとめられている。「尊敬」が明記してあるのは、小学校中学年の内容のみであり、それは「生活を支えている人々や高齢者に、尊敬と感謝の気持ちをもって接する」と記述されている。また「感謝」に比べて、「尊敬」の実践事例は少ない。

ところで、尊敬と感謝の心をむける対象は「日ごろお世話になっている人々」(低学年)にはじまり、「生活を支えている人々や高齢者」(中学年)へ、さらに「人々の支え合いや助け合い」(高学年)へと、子どもの認識能力の発達を配慮して、具体的なものから抽象的なものへと広がっている。学習指導要領解説には、特に高齢者に対する理解を深め、尊敬と感謝の念をもって接することができるように指導することが大切である、と指摘してある。わたしたちの豊かな生活は高齢者の弛まぬ刻苦と努力によって可能になったことを考えると、このことは是非とも子どもたちに伝えなければならない。

2 感謝する心

(1) 感謝する心の喪失

「おかげさまで」とか「もったいない」とかいった言葉が、今日ではもう死語になりつつある。むかしの人は、元気に生きていることを、自分の力、努力によるものではなく、何か大いなるものの力によって生かされていることを実感し、その感恩の気持ちを、このような端的な言葉で表現していたのである。まだ科学技術が十分に発達していなかった時代には、大自然の暴風や豪雨の猛威は防ぎようもなく、辛うじて助かったことを、神仏のお加護だと神や仏に祈り感謝したのである。

また「米」という字が八と十と八から成り立っていることから、米をつくるにはお百姓さんは八十八回もたいへんな苦労をしているのだ、食べ残すなんてもったいない、感謝していただかないと罰があたるぞ、とむかしは親がその子どもに諭したものである。このようなことを、現代のわたしたちは、非合理なことと一笑に付してしまう。現代人は科学技術の発展による便利さ・快適さ・豊かさを手に入れることと引き換えに、このような素朴な心を喪失してしまったのである。

感謝という言葉の辞書的な意味は、「ありがたく感じて謝意を表すること」(『広辞苑』)である。感謝の心とは、他人から受けたものに対する人間としての心のあり方である、と一般に説明されている。この場合、感謝とは人間関係において他者から受けた好意に対する謝意というほどの意味である。ところが、「おかげさまで」とか「もったいない」とかいう、むかしの人々の口から自然にでてくる言葉は、森羅万象に対する感謝の念の表れと考えることができる。「ありがたい」という感謝の念は、本来この宇宙に存在するいっさいのものに支えられてあることに対する謙虚な態度から発せられるものである。キリスト教では、感謝は神の恩恵に対してささげられる。新約聖書では、それはイエス・キリストにおける神の恩恵の行為にむけられる。神に感謝しないことは人間の罪であり、感謝のない生活は祝福のない生活である。人間は宇宙の大生命に生かされて生きている。この生かされてあることの意味を問い直し、生き生きと自分自身の生命(いのち)を生きぬくことこそ、教育や学校をよみがえらせる原点である。

(2) 感謝の芽を育む

かの有名なペスタロッチは、生活の最も具体的で自然的なものは家庭の生活で、しかもその家庭の生活における母と子の関係のなかに、人間教育の基礎である道徳性が形成されると考えた。「生活が陶冶する」というかれの有名な「居間の教育」思想は、母親と子どもとの間の自然的関係における人間陶冶のことである。主著『隠者の夕暮』において、ペスタロッチは次のように語っている。「満足している乳呑子はこの道において母が彼にとって何であるかを知る。しかも母は幼児が義務とか感謝とかいう音声も出せないうちに、感謝の本質である愛を乳呑子の心に形作る」と。愛と信頼と感謝との萌芽、人間愛の萌芽は、このようにして子どもの心のなかに発展するのである。ペスタロッチにとって、家庭における最も近い母と子との間に存する自然的関係のなかにみられる愛と信頼と感謝と従順という徳の自己発展の第一原則は、人間社会に対する義務と正義の発芽する基礎であり、また神に対する宗教的信仰への原則でもあった。都市化・核家族化の流れのなかで、これまでの家庭は崩壊し、その教育力は枯渇してしまったといわれている。今日、ペスタロッチが居間の教育の理想とした自然的関係は断たれてしまったのであろうか。豊かな人間性を形成する基盤としての家庭が全人格的接触を通して果たす道徳的形成の役割は、現代においてもけっして見失われてはならないであろう。

(3) 感謝する心を育てる手だて

学習指導要領に書かれている内容項目(尊敬、感謝)について考えてみよう。

「尊敬、感謝」は、「指導書」には、人間関係をもとにした日常生活において心がけなければならない基本的精神を述べたものであり、広く人々や生活に対する尊敬と感謝の念を育てようとする内容項目、とある。よりよい人間関係を築くためには、互いに認め合うことが大切であるが、その根底には、相手に対する尊敬と感謝の念が大切である。人々に支えられ助けられて自分が存在するという認識に立つとき、相互に尊敬と感謝の念が生まれてくる、と述べられている。

ところで、感謝する心がむけられる対象は、小学校低学年では「日ごろお世話になっている人々」から、中学年では「生活を支えている人々や高齢者」へと発展し、高学年になると「日々の生活が人々の支え合いや助け合いによって成り立っていること」、つまり自分もそのなかで支えられ助けられている日々の生活そのものへと拡大している。子どもの認識能力の発達にともなって、感謝する対象が具体(身近な他者)から抽象(生活そのもの、自分という存在)へと広がっているのである。前にも述べたように、この感謝する心を育むためには、美しいものや崇高なものとのかかわりの体験がとりわけ重要だと考える。もちろん科学や理性の力を否定するものではないが、人間の力を超えたものの体験をもつことは、この世における人間の在り方生き方を見つめ直す重要な契機となる。謙虚な心は、そのような生き方から生まれてくる。「おかげさま」という言葉は謙虚な心であり、「ありがとう」という感謝の言葉はこの謙虚な心があって初めてでてくる言葉である。

3　郷土を愛する心

(1)　とらえ方のポイント

郷土とは何か、また郷土を愛するとはどういうことであろうか。ドイツの教育学者、シュプランガーは「郷土科の陶冶価値」という講演のなかで、「人間は、大地とその大地から生じたあらゆる自然的・精神的なものとともに、内面的に成長してきた場所にのみ、郷土をもつ」と語っている。わたしたちの内面的世界が自然的、社会的、文化的環境によって深い刻印をうけ、わたしたちの情緒やあらゆる生活力が土地と深い絆で結ばれるとき、その土地は初めてわたしたちにとって郷土となる。

地域の祭りや行事に参加し、文化や伝統に触れ、地域の人たちと一緒に種々の体験を積み重ねることにより、郷土意識も深まり、郷土への愛着も深まっていく。地域社会という言葉に比べて、郷土や故郷という言葉に、情緒性・土着性・定住性といったニューアンスがあるのはそのためであり、「わが郷土」「わが故郷」というように、すでにその土地への愛着心が含みこまれているのである。

(2)　指導上のポイント

郷土を愛する心は、郷土の文化や伝統を理解し、先人の努力を知ることを通して養われていくものである。

①道徳の郷土資料の活用

昭和五九年度から始まった文部省の道徳教育用郷土資料の研究開発は「児童生徒が興味をもつ郷土に関する適切な教材を活用することにより、郷土に対する深い理解と愛情を培い、児童生徒の道徳性の発達を図る」ことをねらいとしている。その開発資料には、郷土の先人の伝記や逸話、郷土に伝わる民話やむかし話などがある。道徳の時間においては、民話やむかし話、先人の伝記、逸話などの題材を取りあげて、その生き方、考え方などを学ばせることにより、児童生徒の道徳性を養い、あわせて郷土に対する深い理解と愛情を培うことができる。

②社会科の地域（郷土）学習を生かす

学習指導要領社会科編の第三・四学年の目標には、地域の産業、消費生活、健康や安全な生活等の学習を通して「……地域社会の一員としての自覚を持つようにする」、また、地域の地理的環境や地域の発展に尽くした先人の具体的事例の学習を通して「……地域社会に対する誇りと愛情を育てるようにする」とある。

地域教材は児童にとって身近な教材であり、興味・関心をもって主体的に学習できる。また、先人の業績にじかに接することができ、児童の情意面の育成（郷土への愛着）に有効な働きが期待できる。この社会科の学習を、総合単元的な道徳学習や総合的な学習の時間に有機的に関連づけて取り入れることにより、より効果的な道徳教育を行うことができる。

二節　道徳資料を読む――「絵はがきと切手」（中学年2―③友情）

道徳資料とは、教師の合意に基づいて計画的に道徳の時間に提示し用い、児童・生徒のみならず教師もともに道徳性を深めるための媒体である。したがって、それは道徳的価値を含み、その価値を内面化させる手だてを内包している。

1　本資料の魅力

本資料『絵はがきと切手』は、文溪堂の副読本には、四学年の道徳資料として取りあげられている。これは、中学年の内容項目「友情」(友達と互いに理解し、信頼し、助け合う)という道徳的価値について考えさせる資料である。そこで、この資料が中学年の発達段階にある児童にとってどのような魅力があるか、また教師にとって指導上どのような魅力があるか、を探ってみたい。

この資料は、転校していった仲よしの正子からもらった絵はがきが、定形外であったために、不足料金を払うことになってしまった。そのことを正子に知らせるべきか、知らせたら正子が気を悪くしないか、とひろ子が迷い悩む物語りである。

ここには、兄の考えと母の考えとが対比的に取りあげてある。兄は、友だちなのだから、料金が不足していることを教えるべきた、という。それに対して、母はお礼だけいっておいたほうがいい、と当たり障りのない返事をだすことをすすめる。ひろ子も、どちらかといえば母と同じように、正子をいやな気持ちにさせたくないと考えている。ところが、兄はひろ子や母の甘い考えをただして、正子に知らせるべきだと譲らない。

「友愛の本質は切磋琢磨にある」と村上敏治は語っている。友だちと励ましあったり、忠告しあったりして互いに人間として向上しようとするところに、信頼関係が生まれ、友情が深まっていく。「仲よく助け合う」ことをねらった低学年段階から、中学年では「互いに理解し、信頼し」というように、友情の概念内容が深まっている。ここには、前の学習指導要領では明示されていた「互いに忠告し合う」ことが含意されていると考えてよいであろう。中学年の道徳資料を読むポイントをここにおきたい。

この期の児童の交友関係は、正しいことでもそのことを口にしたら、気まずくなる。それは嫌だ、とにかくその場を楽しく仲よくすごしたい、という表面的なつきあいになり易い。忠告をして友だちに嫌われないか、せっかくの仲よしが台なしになってしまうのではないか、そのように考えるのは、この期の児童にとって自然の心情ではないだろうか。

このような発達的特性からみて、この資料はこの期の児童に、ひろ子の気持ちや態度に共感し、自我関与させ易い資料である。またこの主題のねらいからみて、この資料は兄の助言を受け入れて、友だちのことを思いやって、嫌われることを恐れずに忠告し、自分のなかにある自然の心情を克服していこうとするひろ子の姿が描かれている好資料である。

2　指導上のポイント

この主題の道徳的価値内容からすれば、ねらいは「友達は互いに理解し、信頼し、助け合おうとする心情を育てる」と設定できようが、前にも述べたように、「互いに忠告し合って向上しようとする」という観点を加味したい。相手のことを思って忠告したり、忠告を素直に受けとめることによって、お互いの信頼関係と友情を深めることが、中学年のねらいである。

そこでまず第一の指導上のポイントは、友だちに忠告してあげるとき、どんな気持ちが大切か、について考えさせる点である。その際、友情についてどのように考えているか、友だちに忠告をしたことがあるか、そのとき相手の立場や気持ちを考えて忠告したか、思いやりの気持ちがあったか、等々の経験について、事前の調査などによって、児童の実態を把握しておくことが必要であろう。この問題を展開するうえで、この資料では兄の助言が重要な意味をもってくる。思い悩みながらも、友だちを信頼して、兄の助言を受けいれるひろ子、そこには友だちへの思いやりの心が流れていること、さらに忠告をする場合でも、その表現の仕方に工夫が必要なことも気づかせたい。

次の指導上のポイントとしては、ひろ子が正子に間違いを知らせてやった後の展開がこの資料にはないが、正子がひろ子の忠告を素直に聞きいれて、自分の間違いを反省し、ひろ子に感謝したか、それとも気を悪くし、反感をいだいたか、このことを考えさせることによって、友だちから忠告されたとき、どんな気持ちが大切か、を指導したい。信頼関係を築き、友情を深めるうえで大切なもう一つのポイントである。

この資料は、一般的にはひろ子を中心人物として、彼女が迷い悩む姿を通して友情について考えさせるものであろうが、しかし視点を正子に移すことにより、違った道徳的問題が明らかになる。それは、正子がきちんと一二〇円の切手をはってだしていれば、ひろ子を悩ませることもなかったのである。郵便についての正しい知識と理解を欠いたばかりに、相手に迷惑をかけてしまった。正しい判断をし行動をするには、正しい知識や理解が必要であることを、物語っているといえよう。

現在の郵便規定では定形はがきが五〇円、定形封筒大のはがきが八〇円で、いわゆる定形外はがきは一二〇円である。原作(文部省の指導資料)には、未納不足金のほかに手数料も取られているが、現在ではこの制度は改められている。これらの点も、資料を提示する際には注意しておくべきであろう。

三節　地域の人材を生かした道徳授業

1 道徳教育における「教材」とは何か

一般に、各教科の教材に相当するものとして、道徳の時間の指導においては、「資料」といういいかたが定着している。それには、いろいろな理由が考えられる。

一つには、学校の教育課程を構成している各教科、道徳および特別活動の間で、道徳および特別活動は教科に対して「領域」とよび区別している。それに応じて、教科の教材とは異なることを示すために、あえて資料という言葉を使っていると考えられる。二つには、長い歴史をもつ各教科の教材研究とは異なり、道徳の時間における、いわゆる教材研究は、歴史的な積み重ねが十分ではない。そのために、各教科の教材と同じように教材とよぶには若干の躊躇があり、単に一つの素材にすぎないという意味を強くだしたい気持ちから、資料という言葉を用い、それが今日まで続いていると考えられる。もう一つの考えもある。それは、教科の教材が単元と呼ばれる一定の指導の系統性・序列性のもとに配列されているのに対して、道徳の資料には序列的な単元性がないという特徴をもっているからである。

いずれにせよ、宮田丈夫氏のように「資料が教育的な立場から精選され、客観化され、教育プログラムの中に位置づけられるようになったとき、教材になる」と考えれば、道徳教育における教材とは、「道徳資料」であるといってさしつかえないであろう。

2 教材としての読み物資料

道徳の時間特設の当初、この時間をどのように構成し展開するかということは、研究者にとっても実践家にとっても大きな課題であった。発足当初は、生活上の問題解決を主軸にすえた生活指導的発想や生活主義的発想の道徳授業が支配的であったが、昭和三九年から四一年にかけての文部省の『道徳の指導資料』の刊行に伴う読み物資料の整備とともに、価値の理解を中心にすえた価値主義的道徳授業へと展開し、道徳資料をめぐる今日の授業形態が定着した感がある。

読み物資料は、今日ではそれらの多くが教科書会社によって「道徳の副読本」として編集されている。その読み物資料には、他者のものの見方・考え方・感じ方・生き方が描かれており、それを媒介にして、児童・生徒は自らを振り返り、考えを深め、自己の生き方を創りだしていくようになっている。また、読み物資料の整備とともに、青木孝頼氏や瀬戸真氏による、道徳的価値の一般化や道徳的価値の主体的自覚を図る道徳授業の指導過程の確立、つまり導入・展開前段・展開後段・終末という指導過程の定型化により、道徳授業への取りくみがいとも容易になった。

しかし取りくみが容易になったということは、そこにはまた落とし穴が潜んでいることに注意しなければならない。というのは、この基本型の単純な踏襲が道徳授業のマンネリ化をひきおこしたことは否めない。さらには、道徳的価値(徳目)を一方的に教え込むような指導に頼っている場合がある。編集された読み物資料はある価値観念に導かれている。教師はさまざまな手法を用いて、児童・生徒にその道徳的価値の内面化を図ろうとするが、その意図に反して、結果的には価値の教え込み(徳目主義)に陥っている場合が往々にしてある。読み物資料の安易な活用からの脱皮が望まれるわけである。

3 子どもの心に響く地域の人材

わたしたちは既存の資料に頼るだけではなく、新しい視点にたった多様な資料の開発に努めることが大切である。読み物資料のような間接経験資料のほかに、児童・生徒の直接の生活経験も、道徳の資料として活用されるべきであろうし、また特色ある郷土の作品、伝承文化、偉人伝など、地域や郷土に素材を求めた資料あるいは自作資料など、活発な資料開拓が期待される。ちなみに文部省では、昭和五九年度から「道徳教育用郷土資料」の研究開発を都道府県教育委員会に委嘱しているが、筆者も昭和六一年から昭和六三年にかけての、福岡県教育委員会の道徳教育用郷土資料の作成に、編集協力委員として参加したことがある。この研究開発の趣旨は、「児童生徒が興味をもつ郷土に関する適切な教材を活用することにより、郷土に対する深い理解と愛情を培い、児童生徒の道徳性の発達を図ること」にある。

ところで、中央教育審議会は「幼児期からの心の教育の在り方について」検討を重ね、平成一〇年六月に『新しい時代を拓く心を育てるために』を答申した。そこには、体験的・実践的活動と関連した指導を大幅に取りいれるとともに、道徳授業を改善する必要性が指摘されている。その際特に大切なことは、教材の選択と活用のあり方である。道徳の時間の指導内容として、読み物資料のほかに、道徳学習用ソフトの研究開発、テレビ番組やビデオなどの教材開発、ヒーロー・ヒロインの語りかけの活用、地域住民や保護者の協力などとならんで、「地域の人材の活用」が提言されている。

『答申』には、地域の人材として、地域のスポーツ活動の指導者、伝統文化の継承者、企業の専門家、外国人留学生がその具体例としてあげてある。その人たちの役割は、ルールを守ることの大切さ、伝統や文化、地域や国への誇りと愛着、異質なものとの共生、勤労の尊さを伝え、子どもたちに深い感銘を与えることができるとしている。

わたしたちの周りには、それぞれの立場や役割を担いながら、真剣にそして誠実に生きている人々がいる。さまざまな境遇や困難と格闘しながら、しかし気負うことなくよりよい生き方をもとめて淡々と人生を送っている人々がいる。そのような人たちが身近にいるのなら、その人たちの生き方を子どもたちの道徳学習に活用すべきであり、『答申』の提言はしごくもっともなことである。

4 「人間の学習」の実践事例

「人間の学習」とは耳慣れない言葉であるが、これは福岡教育大学附属福岡小学校が文部省の教育課程研究開発校の指定をうけて取りくみ開発した、道徳と特別活動を統合した新しい領域である。ここでは、植松伸之教諭(現県教委・福岡教育事務所指導主事)の実践から、典型的な二つの事例を取りあげてみる。

①「国際理解・協力」(留学生ラフマンさんの志とバングラデシュの美風)の学習

植松教諭は具体的な人物を通して、相手の国のすばらしさを子どもたちに感じさせたいとの願いから、この学習を計画した。

留学生ラフマンさんは、留学目的が終了後も帰国せずに日本にとどまり、自分の生まれた村に小学校をつくる支援活動を行い、また将来は母国に教師を養成する大学をつくろうという志をもっている人である。子どもたちはラフマンさんとの触れ合いを通してかれの志とかれの母国バングラデシュの人々の生き方のすばらしさを知ることができた。

子どもたちは一つの事実を知る。六六%の子どもたちが栄養不良状態で五歳までの幼児の死亡率が一二%であるのに、餓死者がほとんどいないこと、それは隣家の食料が底をついているときは、たとえ自分の家の食料が少なくなっていても、分け与えるという相互扶助の精神がいきわたっているということである。その後、子どもたちはバングラデシュの自立のための支援のあり方について話し合うことになるが、結局は支援を行おうとする自分たちの生き方や態度が問われることになる。

これは、一人の外国人留学生を通して、その人の生き方と同時に、その国の人々の生き方を知り、国際理解や国際協力のあり方を知ることができた学習事例である。

かつてわたしたちは日本の近代化のために、西欧を範とし西欧に学び、西欧にのみ関心を向けてきた。当然、わたしたちの生き方のモデルも西欧に求められた。進歩と繁栄による「豊かさ」がわたしたちの生き方の指標となった。しかし、それはまたいろいろな歪みをもたらした。かつてはわたしたちももっていたバングラデシュの人々の美風を失ってしまったのである。

ところで、現在、子どもたちの身近には、たくさんの外国人留学生がいる。その留学生の多くは、中国人を初めとしてアジア圏の人々である。その人々を通して、近代化を尺度にすれば、遅れているかもしれないその国の人々の、わたしたち日本人が失いかけている誠実な人間らしい生き方を学ぶことができるのである。

②「生命」（末期がん患者、小山ムツコさんの生き方）の学習

小山ムツコさんは、元アナウンサーで結婚後イベントプロデューサーの仕事をし、充実した生活を送っていたが、乳がんを患い手術をする。しかし、がんは骨盤に転移し、余命半年という「末期がん」の宣告をうける。その後、絶望の淵から死を受容する精神の安定をえて、「患者が企画する患者のためのホスピス」をつくる活動を始め、末期がん患者の立場から医療や社会に積極的に発言し行動している。残された生命を他者のために精一杯生きようと努力されている。

植松教諭は、小山さんのひたむきな生き方を追究して、命の尊さを感じ、自他の命を大切にしていこうという態度を培うとともに、小山さんの生き方の強さを感じ、人にとって生きることの喜びとは何かという課題意識をもつこと

ができるようにする、とねらいを定める。植松教諭は周到な準備をしたうえで、小山さんをゲストティーチャーとして学級に迎える。子どもたちは、小山さんの生き方を通して生と死の問題を真剣に考え始める。そして、生きる喜びとは自分のためだけに生きることではないことを知る。

ところで地域の人材として、「末期がん患者」というきわめて特異な人材を取りあげることに、あるいは異論がでるかも知れない。あまり一般的ではないからである。しかし、身近にそのような人がいるならば、その人から真の生き方を学ぶという、リアリティのある学習は大切なことであり、今後ますます必要であると考える。

地域の人材を生かすためには、個々の教師の努力に任せるのではなく、学校経営上の観点から、『答申』が提言しているような「特別非常勤講師制度」や「学校支援ボランティア人材バンク」の整備も必要となってくるであろう。

参考文献

1 奥田真丈他編著『現代教育目標事典』ぎょうせい、一九七八年。
2 村上敏治編著『小学校道徳内容の研究と展開』明治図書、一九八三年。
3 高橋進編著『道徳・新指導内容と授業を結ぶ』明治図書、一九九〇年。
4 シュプランガー『小学校の固有精神』(岩間浩訳) 槙書房、一九八一年。
5 『道徳と特別活動』第一五巻 第六、八、一〇号、文溪堂、一九九八年。
6 沢田慶輔、神保信一著『道徳教育の研究』国土社、一九七八年。
7 宮田丈夫、間瀬正次編著『道徳教材の類型と指導』明治図書、一九六四年。
8 福岡教育大学・附属福岡小学校共同研究誌『人間の学習』(『学習創造』第二号) 一九九八年。

第四部　教育研究の諸問題

第一章　論文審査の裏窓から

はじめに

M先生、その後いかがお過ごしですか。相変わらず、子どもたちとともに学習に、遊びに余念のないことと拝察いたします。先日の附属小学校の研究発表会では、久しぶりに会えるのを楽しみにしていたのに、あなたの姿をみつけることができず残念でした。さて今日は、この二月北九州市教育委員会の教育研究論文審査に携わった経験について、お話しいたしましょう。初めての経験で戸惑ったこともたくさんありましたが、いい勉強になりました。あなたも、今年あたり研究論文をまとめてみたらどうでしょう。計画的に研究をすすめ、その実践記録もかなり集めているとのことだから。

ところで、北九州市の先生たちの意気込みには圧倒されます。五〇五編もの論文応募があったのです。第一次審査の段階で一応厳選されて、第二次審査には、「特選」および「金賞」候補論文として二四編だけが残りました。さらに、これらの論文を四日ごとに六編ずつ集中的に読まなくてはならなかったので、それはそれは大変しんどい仕事でした。いずれも、優れた教育実践に裏うちされた読みごたえのある論文ばかりでしたから、しんどいわりには充実した日々を送ることができました。ときには、審査という役目を忘れて、論文を読み耽っていることもあったほどです。

さて、教師が書く教育研究論文といっても、それが論文である以上、単なる実践報告にとどまってはいけないでしょう。実践報告と研究論文とは、違うはずです。研究論文には、論文としての体裁があります。その体裁を整えるためには、その前提として、実践的研究の段階で、いわゆる「科学的な」といわれる一定の手続きを取ることが必要でありましょう。また、それを論文にまとめあげるには、それなりの手法があります。このことを団体の部の金賞候補論文のなかから、具体的な事例を取りあげながらひとつ考えてみましょう。

1 赤坂小学校「人物のいきいきとしたくらしをさぐることを通して人間の生き方にせまらせる学習指導」(社会科)

この論文は、県教委の研究委嘱校として「自己教育力を育てる」というテーマで、昭和六〇年度より取りくんできた研究の最終成果を、社会科部としてまとめたもののようです。算数科の論文(寸評略)も、金賞候補に残っていますから、この学校の研究のレベルの高さがうかがえます。一年次・二年次の研究と実践の反省のうえに、第三年次の研究計画が組み立てられ、研究主題を具体化する仮説の設定、論証の具体的な手だてなど、しっかりしたものでした。何よりも、実践の質の高さに敬服します。やや難があるといえば、論文としてまとめあげる段階の問題です。論旨の明確さと首尾一貫性は、論文の「いのち」です。論証のための実践事例が低・中・高学年と分けてあげられていて、それぞれ別々に分担して記述されているために、全体としてアンバランスなところがあります。たとえば、児童の側から記述しているところがあるかと思うと、他の箇所では教師の側から書かれている、といった具合です。このようなときは、誰かが責任者となって全体の文体を統一する必要がありましょう。

2 平野小学校「自ら学ぶ意欲と力を育てる算数科学習指導の追究」(算数科)

この論文には、「基礎を固める授業づくり……」というサブタイトルがついていますが、それが研究仮説を構成しているようです。その手だてとして、五つの工夫がなされています。その努力には敬服すべきことが多々あるのですが、率直にいって多様な内容を取りいれすぎたために、全体的なまとまりが弱くなり、論文の焦点がぼけてしまったようです。一つの提案ですが、もう少し仮説を整理してみてはどうでしょう。あれもこれもでは大変難しいし、散漫になり易いと思うのです。たとえば、五つの工夫をもう少し絞りこんだら、あるいは一つの実践事例を通して、五つの工夫を検討してみたらどうでしょう。一年次ということなので、今後の研究成果を期待したいと思っています。

3 永犬丸西小学校「自然に親しみ、自然を探究する児童の育成」(理科)

この学校は、昭和六〇年度にも社会科教育の領域で金賞を受賞していますから、研究論文に関しては十分心得があるようです。問題設定が的確で、研究の具体的展開が明確に示されていたように思います。論旨も明確で首尾一貫していました。それは、実践的研究を代表的事例に絞りこんで、焦点を明確にしていたからではないかと思います。要旨の記述も、簡潔にして要をえていました。

しかし、問題がないわけではありません。たとえば、研究(論文)主題の問題です。この論文のサブタイトルは『地球と宇宙』の区分を中心に」となっていますが、主題および仮説に対するこの意味と位置づけがいまひとつはっきりしません。サブタイトルには、たとえば、―学習環境の充実・学習活動の工夫を通して―というように、研究方法を明示した方がよいように思います。

4 青山小学校「心身ともに健康な児童の育成」（保健安全）

この論文は、性教育の面から人間の生き方を考えさせようとした、なかなか意欲的な取りくみがなされた研究でした。性教育の時間が特設され、そのカリキュラムと指導計画がよく準備されています。実践事例も明確です。論旨も一応明確で、整理された論述であると思います。ところで、「性」は「生」の重要な部分だとしても、「性」＝「生」ではありえません。このことが明確にされていないためか、性教育を研究課題として取りあげた理由が曖昧になっているようです。また、作業仮説が余りにも一般的ではないでしょうか。性を通して、自己をどのようにみつめさせ、どのように自覚させるのか、そのことが問題でしょう。研究仮説はできるだけ具体的で簡潔なものでなければ、その実証のための具体案と評価の方途があいまいになってしまいます。

5 泉台小学校「わかる授業を進めるための教育機器・教材開発はいかにあるべきか」（視聴覚）

教育機器、とりわけニューメディアであるパソコンを導入しての、わかる授業の創造に意欲的に取りくもうとしている姿勢には、敬意を表したいと思います。実践面では高い評価を与えたいのですが、論文としては少し難点があるようです。たとえば、研究主題と仮説と研究内容との間の一貫性の問題です。まず、主題の意味はどう理解したらよいのでしょう。「教育機器の活用・教材の開発」なのか、「教育の機器・教材の開発」なのか。論文の内容は「機器の活用」の工夫に終始しているようですが。この主題のような併記の仕方は、主題の意図をあいまいにします。さらに、教材開発のための展望が、研究の経過から少しでも示されているとよかったと思います。

6　天籟寺小学校「友だちをいたわる、はげます子どもの育成」（生徒指導）

この論文は、「なんでも相談」（毎月一回）に取りくむことにより、どんな小さな子どもの悩みでも取りあげ、学校全体で解決していこうとして、それを年間計画のなかに位置づけ、また道徳の時間や特別活動のなかにも積極的に取りいれ、学校全体で支持的風土づくりに努力された研究の足跡です。北九州市教委の研究委嘱校としての第三年次のまとめです。

仮説設定、仮説検証の具体的な手だて、その実践、なかなかしっかりしたものだと思いました。論旨も極めて明快でした。ただ、具体的な実践事例が添付資料の方にあり、本文のまとめにやや具体性を欠いた嫌いがあります。

7　高須小学校「家庭との連携により、自ら進んで生き生きと学習に取り組む子どもを育てる学習指導の研究」

この論文は、北九州市教委の研究委嘱を受け、三年間取りくんできた研究の成果です。家庭との連携により基本的な生活習慣を身につけさせることにより、学習への意欲づくり・学力の向上を図ろうとするものでした。家庭と学校との連携の類型化により、高須小独自の教育課程が作成してありました。この努力が、当然ながら家庭での親の教育意識を向上させ、家庭の教育力を回復させることにつながっている点、なかなかみあげたものです。それだけに残念なのは、仮説の記述に不鮮明なところがあって、何をどのように実証しようとしているのか、曖昧である点です。文章表現上の工夫が必要でしょう。さらに、生活習慣のリズム化と学習への取りくみ・学力の定着との間に極めて深い関係があることを強調しながら、そこにどんな関係があるのか、論証されていません。研究としては、そのことを明らかにすることが大切です。

8 生徒指導サークル「問題傾向をもつ児童の指導」(課題「いじめ防止」)

これは、今日的課題である「いじめ」問題に積極的に取りくんでいる自主的研究サークルの、昨年度に続き第二次審査に残った論文です。実践的な取りくみと、それを教育研究論文にまとめあげていこうとするこのサークルの意気込みにまず敬意を表したいと思います。ただ論文の体裁としては、いろいろ問題がありました。まず、仮説設定の曖昧さです。一例を示しますと、「教師の指導力がいじめを無くすことに通じる……」とありますが、これではあまりに一般的です。どのような指導力がいじめを無くすことになるのか、具体的に書く必要があるでしょう。そうしないと、取りくみが曖昧になってしまいます。次に問題なのは、サークルの研究体制と各教師のかかわりの問題です。事例研究として、三つの実践事例があげられていますが、それらに統一性がないのです。それぞれの実践をサークル全体でどう総括し、統一するか、内容構成上・文章表現上の問題を含めてこれがサークル研としての「生命」ではないでしょうか。そうしないと、実践事例の単なる寄せ集めに終わってしまいます。

9 二島中学校「歌声のひびく学校をめざして」(音楽)

この論文は、草創期の学校を一つにまとめあげていくために、全校合唱という方法で取りくんだ実践報告です。情緒的な表現が多く、少し酷ないい方だけど、まだ論文としての体裁が整っていません。論説文として整理し直す必要があるでしょう。たとえば、誰かが最初に草稿を書いたとします。別の誰かがそれを推敲します。誤字・脱字はないか、表現上曖昧なところ・おかしいところはないか、点検します。そして最後にまた他の誰かが清書します。このような手順をふめば、この論文に限らず、ここで指摘しているような難点は避けることができるのではないでしょうか。

かと思います。

また、この論文は音楽科のそれとしてではなく、特別活動領域の論文としてまとめられたほうがよかったのではないかと思います。

10 石峰中学校「生徒の意欲を高める格技指導の研究」（保健体育）

保健体育、とりわけ格技の面では、数々の実績をつみあげてきた学校です。この論文は、そのような実績に裏打ちされたレベルの高い実践報告です。特に、「石峰ゲーム」という格技の創造的実践は評価に値します。ただ、論文の体裁という観点からみると、難点があります。たとえば、仮説が仮説の体裁をなしていません。どれをどうすれば、生徒の意欲を高めることができるか、このことを内容として構成すべきでしょう。検証も甘いところがあります。意欲を高めるのか技能を高めるのか、相互に関連するとすれば、どのように関連するのか、その点が曖昧です。

11 小倉南養護学校「障害の重度化に対応する交流教育のあり方を探る」（養護教育）

この論文では、生々しい具体的な実践活動が報告されていました。障害の重度化傾向に対応して、(1)他校との交流活動、(2)校内での交流活動という二つの面から交流教育のあり方を探っていこうとするものでした。部分的に不鮮明なところがいくつかありましたが、全体として論旨・内容構成とも明快な論文であったと思います。また、全体がきれいな字で書かれていました。そして何よりもよかったのは、わたしが目を通した論文のなかで唯一参考文献のあげ方が的確であった点です。

12　熊西幼稚園「自ら求め豊かな生活をつくる子供の育成をめざして」（幼年期教育）

この論文もまた、北九州市教委の委嘱を受けた研究の第三年次の成果の報告です。この研究は、幼児の自立への基礎を培うために、どろんこ遊びの工夫や生活習慣・技能を自発的に身につけさせるような園生活のあり方の探究でした。自発的な子どもを育てようとする先生たちの願いと意気込みのみえる論文でした。

以上、金賞候補に残った、個人研究を除いた団体の部の論文についての寸評です。あるいは、見落としている点がまだたくさんあると思いますが、今回はとりあえずこれぐらいにしておきましょう。いずれ『教育創造』教育研究論文特集号がでます。それとつきあわせながら、この寸評をもう一度読んでみてください。ではまた。

第二章　教育論文に挑戦する若き友人へ

はじめに

Ｍ先生、先日はお手紙ありがとうございました。相変わらず、子どもたちと一緒に元気に頑張っておられるとのこと、何よりのことと存じます。小生も、この四月より附属久留米小学校の校長併任となり、忙しい毎日を送っていますが、子どもたちと一緒に過ごすことがこんなにも楽しいものであったかと、三〇年ばかりまえの教師時代のことを思い出しています。

ところで、昨年は県教委の「教育論文」に応募されたとのこと、よく頑張りましたね。入賞できず残念でしたが、今年度また再度挑戦してください。今回もまた、北九州市教育委員会の「教育研究論文」の審査委員を依頼されましたので、あなたのお役に立つかも知れないと思い、またその審査所感を綴ってみました。

昨年度の審査所感にも述べておりましたように、教育研究論文というのは、単なる実践報告であってはいけないと思うのです。研究論文には、論文としての体裁が整っていなければなりません。そのことを、今日はすこし体系的に説明してみましょう。

一節　研究論文と実践報告

さて、教師が書く教育論文といっても、それが論文である以上、単なる実践報告にとどまってはいけないでしょう。実践報告と研究論文とは違うはずです。研究論文には、論文としての体裁があります。その体裁を整えるためには、その前提として、実践的研究の段階で、いわゆる「科学的な」といわれる一定の手続きをとることが必要でありましょう。また、それを論文としてまとめあげるには、それなりの手法があります。そのことについて、いくつかの観点から述べてみましょう。

二節　主題設定とその根拠

論文は、一つの整然とした体系をもった文章の集まりでなければなりません。その論文の構成をどうするかは、論文の成否を決するものだといってもいいすぎではないでしょう。

論文を書くには、まずどんな問題について論文を書くか、そのことを決めなければなりません。この問題が、「主題」とか「テーマ」とかよばれています。例外はありますが、一般的には、研究主題がそのまま論文の主題になっているようです。

1　現代教育の要請から

さて、ここで問題になりますことは、主題の設定が適切になされているか、という問題です。まず、公教育の普遍性という観点からみて価値ある主題が設定されているかということは、基本的に重要な視点だろうと思います。

「現代社会の要請から」とか「現代教育の要請から」とかいった観点からの、主題設定の理由に関する論述に、そのことが現れています。多くの論文において、臨時教育審議会答申、教育課程審議会答申、さらには学習指導要領の改訂の基本方針をうけて、主題が設定されています。社会の動向、教育界の動向を敏感に感じとり、そこから研究主題を決定していくことは、勿論重要なことであると思います。ところが、その根拠を十分に説明できていない論文がありました。なにか取ってつけたような感じのする説明に終わってしまっているのです。二一世紀にむけての教育改革の動向に、自分の、あるいは学校の研究を位置づけて意欲的に取りくんでいるだけに、残念でした。

2　子どもの実態から

他面では、子どもの実態をしっかり踏まえ、継続的に地道な実践を続け、そこから研究の主題を設定していった論文もみうけられました。現代社会の要請から、と大上段に構えるのではなく、子どもの事実に学びながら、子どもの力を伸ばす指導の実践的研究に取りくんだ論文でした。ただ、これらの論文の場合にも、少し物足りなさを感じたのは、わたしだけではありませんでした。というのも、この研究論文が今日の教育課題にどう応えようとしているのか、その巨視的な位置づけが明確ではなかったからです。

3　先行研究の分析から

さらには、主題設定の段階でもうひとつ重要な手続きがあります。それは、わたしが読みましたいずれの論文にも欠けていた側面です。わたしたちがあるテーマのもとに研究に取りかかろうとするとき、まず最初にこのテーマに関してこれまでどんな研究がなされているか、を点検いたします。いわゆる《先行研究の分析的検討》です。すでに研究されていることを研究しても、それは研究として意味をなしません。同じ研究内容であっても、そのことによって子どもの力がつけばそれでよいではないか、との反論が返ってきそうですが、その場合それは単なる実践報告ではあっても、研究論文とはいえないと思います。そこでひとつの提案です。過去に入選した、県教委や市教委の『教育論文集』の教育論文を全体にわたって点検し、類似した研究とどこがどう違うのか、自分の研究の独自性はどこにあるのか、そのことを明確にすることです。そうすれば、きっとあなたの教育論文の質がレベルアップするはずです。

三節　主題名のつけ方

自分で問題を見いだし、主題の構想ができたとして、次に問題になることは、主題名をどうつけるか、ということでしょう。主題名を決めるにあたって重要なことは、その名称が論文の内容を最もよく表現するものであることです。主題名を読んだだけで、論文の内容をほうふつとさせるものであれば、それが一番よいのではないかと思います。次に、主題名は簡潔でなければなりません。前に述べたことと一見矛盾するように感じられますが、冗長になることは避けるべきです。その場合、サブタイトルを活用されたらどうでしょう。主題名は簡潔に、そしてサブタイトルによって内容の表現を補うというように。勿論、サブタイトルには「─学習環境の充実・学習活動の工夫を通して─」というように、研究の方法を明示する場合もあります。

四節　仮説の設定とその実証の具体的方策

まず最初に、研究主題を具体化するための仮説の設定、その実証の具体的方策が十分に検討されていなければなりません。仮説とは、簡単にいえば、研究の見通しであり、それは次のような三つの機能をもっています。

①研究の領域を限定し明確にすること
②研究者の注意を最も重要な事実や事象に集中させること
③研究された多くの事実や事象をある簡単な形に結び合わせること

（宗像誠也著『教育研究法』参照）

そこで、仮説の設定が甘かったり、曖昧であったりすると、実証のための実践的研究が不明確になってしまいます。また、実践資料の収集だっていいかげんなものにならざるをえません。もちろん、教育研究の場合は、研究対象に統制できない諸要因が混入するため、実証や検証が自然科学の研究のように思う通りにはいきません。また、結果の考察(評価)も確定的な結論を導きだすことが困難です。そのために、主観的な判断に身を委ねてしまうことにもなりかねません。自分に好都合な解釈をしたいとの誘惑に打ち勝たなければなりません。難しい問題ですけど、ここのところがきちんとできていないと、その研究は研究でなくなってしまいます。

五節 論文の内容構成

次の構成内容としては、実践の具体的展開です。その叙述にあたっては、日常の実践で集めた資料を分析し、価値ある資料を精選し、効果的に活用しなければなりません。それは、あくまでも仮説の実証のための具体的な実践事例であることを忘れてはなりません。県教委や市教委の研究委嘱を受けたにせよ、また自校独自の研究を蓄積してきたにせよ、研究の成果を全部論文に盛り込むのではなく、主題と仮説のもとにもっと鋭角的に内容を整理し、構成しなおす必要がありましょう。実践したことをあれもこれもと欲張って、脈絡なくならべたものは論文とはいえません。思いきって捨てる勇気を持たなければなりません。

また団体論文(学校)の場合、各学年の実践事例があげられていますが、それぞれ別々の人が担当しているために、叙述に首尾一貫性が欠けていました。論旨の明確さと首尾一貫性は、論文の「いのち」です。わたしは審査の際、この点にかなりのポイントをおきます。つぎに、論文審査のポイントをあげておきましょう。

①主題の選定が適切になされているか。主題設定の根拠は明確であるか。
②論旨は明確で、首尾一貫しているか。
③論文としての確かな構成をもって、論述または論証がなされているか。適切な資料が整えられ、それらが論文構成に効果的に生かされているか。
④創造的な研究が継続的・集中的に行われているか。
⑤表現・表記は明確であるか。読み手を考慮したていねいな記述がなされているか。規定の枚数にまとめられてい

るか。

六節　参考文献の活用

自然科学の研究においては、観察や実験によって資料を収集します。教育の研究においても、もちろん観察や調査によって資料を収集することもありますが、そのほかに資料を文献に求めることもあります。

文献を活用する場合重要なことは、出典ならびに引用した箇所をはっきり明示することです。そして引用した箇所は、仮に間違っているとわかっても、それを勝手に引用者が改ざんしてはなりません。このことがきちんと守られていないようです。福岡県教育公務員弘済会の創立三〇周年記念教育論文の審査にあたった江淵一公氏は審査所感を次のように述べています。心すべきではないでしょうか。

「参考文献の利用の仕方には今一つ注意深さが欲しい。一般には教育実践報告論文における参考書の利用の仕方は非常に問題が多い。中には、著者名・文献名及び引用箇所等を明記しないまま、そっくり（あたかも自分の文章であるかのように）引用している盗作すれすれのものもあり、驚くことである。これは、教育界では長いあいだにできあがった慣習だから、簡単には変わらないと思われるが、今後は是非、変えていく努力が欲しい。学術論文の場合は、注をつけて引用文献名のみならず、引用された文の所載ページまで正確に記すことが常識であるが、これは、一方では自分の主張の妥当性を傍証し、他方では、そこに論述されていることが盗作ではないことを証拠づける意味をもつものである。」

また、参考文献のあげ方がまちまちです。昨年度は、一つだけきちんとした論文がありましたが、今回は見あたりません。次に例示しておきましょう。

①著書の場合、

《例》宗像誠也著『教育研究法』宗像誠也教育学著作集　第一巻、青木書店、一九七四年。〔著者名『書名』出版社名、出版年〕の四要素は、最も基本的なものです。

②論文の場合、

《例》米津冴子「言語の感覚を育て表現の豊かさを培う（国語科の学習）指導―五年生児童を中心に―」『教育創造』九二号、北九州市教育委員会、昭和六三年。〔執筆者名「論文名」『論文集名（雑誌名）』巻・号、発行所、出版年〕

この審査所感は、一つひとつの論文をあげて、それぞれに論評を加えるといった手法をとりませんでした。その点、具体性がないことを痛感しています。どうか、御寛恕ください。今年度りっぱな教育論文が完成されることを祈念して、筆を擱きます。

第三章　教育と研究、そして論文作成

はじめに

M先生、県教委の「教育論文」の入賞おめでとう。それも、優秀賞に選ばれるなんて、びっくりしました。とうとうやりましたね。首を長くして待っていただけに、新聞紙上にあなたの名前をみつけたときの喜びは、一入でした。あなたにはもうこれ以上必要はないかとは思いますが、将来、研究主任や教務主任として学校の中心的役割を果たさなくてはならなくなることを考えて、学校としての研究論文にどう取りくんだらよいか、今回もまた、北九州市教育委員会の「教育研究論文」の金賞(団体)候補論文を手がかりに、具体的に所見を述べておこうと思います。

一節　主題設定の仕方

公教育の普遍性という観点からみて、価値ある主題が設定されているかということが基本的に重要な視点だということは、前回指摘していましたね。

理科と算数科で候補にあがっている平野小学校は、教育課程審議会答申の「基準の改善」点(1)「豊かな心をもち、たくましく生きる人間の育成を図ること」を受けて、「自ら学ぶ意欲と力を育てる理科(算数科)学習指導の追究」との主題を設定しています。この意欲と能力は、基礎基本の徹底により培われるとの認識から、サブタイトルで「……基礎を固める授業づくり」を強調しています。陣山小学校の主題「個に応じ、個を伸ばす社会科指導のあり方」は、生涯学習の基盤を培うために、豊かな個性の伸長と自己教育力の育成が企図されています。さらに尾倉小学校は、国際化の波のなかでの、日本人としての国語に対する関心・態度・心情を育てるために、「言葉を確かにとらえ、豊かに読む力を育てる指導法の研究」を主題としました。

以上のように、教育課程審議会答申や新学習指導要領の基本理念をうけて主題を設定し、その具現化に向けて、学校がひとつにまとまって研究に取りくんでいる姿は敬服に価します。ただ主題設定の根拠を十分に説明できているかといいますと、必ずしもそうとはいいきれない面が見受けられました。この点での詰めは、今後に期待したいと思います。

他面では、子どもの実態をしっかりふまえ、継続的に地道な実践を続け、そこから研究の主題を設定していった論文は、門司養護学校の「本校における病虚弱児童・生徒一人ひとりの実態に即した養護・訓練及び特別活動への取り組み」です。疾患の多様化・重度化・重複化、さらには心身症の増加にいかに対応するか、その実践的な取りくみが主題設定の根拠になっています。山の口小学校の「子どもの心をゆさぶり、自ら求め続けていく音楽科指導のあり方」や前田小学校の「創り出す喜びを体験させる造形的創造活動の実現」、さらには熊西小学校の「子どもの自立心を育てる生活科のすすめ」は、日頃の地道な実践活動を論文主題にしたものでした。三校ともそれぞれ、音楽教育あるいは図工科教育の面で、また生活科の先進的な研究ですぐれた実践を積み重ねている学校で、あなたもその実績についてはすでにご存じのことと思います。

ところで、これらの研究論文が今日の教育課題にどう応えようとしているのか、その巨視的な位置づけが必要であることは、前回強調していましたね。この点の配慮がなされていたことは、その位置づけに十分な説得力があるとはいえないまでも、昨年度と比べて一段と進歩したと評価してよいのではないでしょうか。

さらには、主題設定の段階でもうひとつ重要な手続き、いわゆる《先行研究の分析的検討》は、残念ながら今回もみあたりませんでした。これまでの『教育創造』に掲載された研究論文だけでも全体にわたって点検し、類似した研究とどこがどう違うのか、自分の研究の独自性はどこにあるのか、そのことを明確にすることを、北九州市の教育研究論文作成の伝統にしていただきたいものだと願っています。

二節　主題名のつけ方

主題名を決めるにあたって重要なことは、その名称が論文の内容を最もよく表現するものであることでしたね。主題名を読んだだけで、論文の内容をほうふつとさせるものが一番よいつけ方です。この点では、全般的に適切ではなかったかと思います。ただ、表現にいまひとつ工夫があるとよかったなと思う主題名がありました。

たとえば、山の口小学校の主題「子どもの心をゆさぶり、自ら求め続けていく音楽科指導のあり方」は、誰が、何を求め続けていくのかが明確ではありません。おそらく「……子どもが自ら意欲的に個性的創造的な表現活動を求め続けていく……」ということになるのではないかと思います。ただそうすると、「音楽科指導のあり方」に論理的に続いていかなくなります。「……指導のあり方」は教師サイドからの記述、「……自ら求め続けていく……」は子どもサイドからの記述です。論理的に矛盾する要素が一つの主題のなかに同居していて、自家撞着に陥いることになります。

中原小学校の主題も、表現上に工夫が必要でしょう。「魅力ある学校づくりの軌跡――心豊かに表現できる子どもの育成はどうあればよいか――《ことばで心をつたえ、音で心をつたえる表現力の育成》」という主題は、何といっても長すぎます。主題名は簡潔でなければなりません。さらに、どれが主題でどれが副主題か、はっきりしません。「魅力ある学校づくりの軌跡」というのは、おそらく主題名には含めていないのでしょうね。そう考えるとはっきりします。

三節　仮説の設定とその実証の具体的方策

それでは、研究主題を具体化するための仮説の設定、その実証の具体的方策について検討しましょう。仮説の設定が甘かったり、曖昧であったりすると、実証のための実践的研究が不明確になってしまいます。また、実践資料の収集だっていいかげんなものにならざるをえません。研究では、ここが中核です。

福岡県教育研究所連盟編『教育研究のすすめ方・論文のまとめ方』(第一法規)によりますと、仮説のモデルが次のように示されています。

「〇〇において、〇〇を〇〇することによって、〇〇なるであろう。」

①場、内容等　②手だての工夫　③ねらい、めざす子ども像

昨年度の所感にも、仮説の機能としてあげていましたように、①は研究の領域を限定しています。たとえば、教科

や領域、内容や方法、学習過程などを示します。②は研究の重点を決め、研究者の注意を最も重要な事実に集中させることです。何を、どのようにするか、内容・方法上の手だてが具体的に記述されます。③は研究の結果を予測し、筋道をたてることです。これは、主題設定の段階である程度の見通しをもってたてられていた目標(結果)像で、研究の目的に相当する部分です。

では、小倉南幼稚園の「感動する心、遊び込む力をもつ幼児の育成をめざして」という研究を取りあげてみましょう。この研究は、北九州市教委の研究委嘱を受けて三年間、新幼稚園教育要領の具現化をめざして取りくんだ、先導的な研究の成果です。

研究仮説は「教育環境を整え教師の援助を工夫すれば、感動する心や遊び込む力が育ち表現活動も豊かになる」となっています。形式の面では、①に相当する部分が欠けています。論文内容から推測しますと、「幼稚園生活全体のあらゆる場面で」ということになりそうです。②の部分は、いまひとつ具体性に欠けます。仮説は研究を方向づけるものですから、どのような環境をどのように整えるか、またどのような援助をどのように工夫するか、そのことが内容として含まれていなければなりません。そのためか、環境にふれ感動する実践事例が四場面あげてありますが、それらと仮説とのつながりが明確ではなく、仮説を実証するといった論証性のある論文には仕上がっていないようです。それぞれの実践をまとめたといった感じがします。もちろん教育研究の場合は、自然科学の研究のように実証や検証が思う通りにはいきません。また、結果の考察も主観的になりやすく、確定的な結論を導きだすことが困難であることは申すまでもありません。

次に、尾倉小学校の「……読む力を育てる指導法の研究」では、説明的文章をより確かに豊かに読む力を育てるために、仮説を具体化して①音読・朗読を学習過程に効果的に取り入れる、②書くことを読むことと関連づける活動を取り入れる、という二つの手だてが講じられています。さらに、たとえば音読の方法のステップが詳細に分析されています。ただ実証のための実践事例が多すぎて(①の場合四事例、②の場合五事例)、実践記録文に終わっているのは残念です。研究論文にまとめる場合、それぞれ二事例ぐらいにしぼって、詳細に仮説の検証・論証をした方が論文としての体裁を整えたのではないでしょうか。それは、あくまでも仮説の実証のための具体的な実践事例であることを忘れてはなりません。研究の成果を全部論文に盛り込むのではなく、主題と仮説のもとにもっと鋭角的に内容を整理し、構成し直す必要は、昨年も強調しておりました。実践したことをあれもこれもと欲張って、脈絡なく並べたものは論文とはいえないのです。

最後に、本城小学校の「個人差に応じた体育科学習指導展開の研究」は、前に述べた仮説の三つの条件を十分に備えたものでした。仮説追究のための具体的方策としてあげている評価の具体化、つまり「診断的評価」「形成的評価」「総括的評価」は一般的ではありますが、それぞれの評価段階での具体的な手だてや手順が講じられていて、研究を進めるうえで有効に働いているのではないかと思います。ただ、「個人差に応じた」ということがもっと具体的にわかるように記述してあるとよかったのですが。というのは、個人差に応ずる指導のプログラムが見あたりませんし、また個々の子どもがどのように伸びていったのか、その様子がみえませんでした。三年次のまとめとして、「評価の具体化」に焦点をあてたため、その面は背景に退いてしまったのかもしれません。

この論文だけでなく他の学校の論文の場合も、各学年の実践事例があげられていますが、それぞれ違った人が分担執筆しているために、叙述に首尾一貫性が欠けていました。形式上、統一して論述していくように配慮していただきたいものです。これなど、研究主任が引き受けるべき役割でしょう。

あなたが将来研究主任として学校の研究をとりまとめていかなければならない立場にたったときのことを考えて、

それぞれの論文に遠慮なく厳しい論評を加えてきましたので、該当校の先生がたがこの所見を読まれたら憤慨なさるかもしれません。いまは、誤読していないことを願うのみです。いつもいっていますように、実践報告あるいは実践記録なら、こんな厳しいことは要求しません。教育研究論文なのです。できるだけ学術的な論文の体裁に近づけていくように努力されることを祈念して、筆を擱きます。

第四章　教育研究におけることばの問題

いまわたしの手許に、シェフラー著『教育のことば』（村井実監訳、東洋館出版社）とヘーア著『道徳の言語』（小泉・大久保訳、勁草書房）という書物がある。これらはいずれも、教育学あるいは倫理学で用いられる「ことば」の哲学的分析の書である。教育学のことばあるいは概念の意味分析という点では、わたしたちが訳したブレツィンカ著『教育科学の基礎概念』（黎明書房）も、これに加えることができるであろう。

シェフラーは「哲学的手法を用いることによって、教育の思想や議論のある一般的な特徴を明らかにしよう」とする。特に、教育に関する定義・スローガン・比喩のもつ論理的効力についての分析と教授という中核的な観念についての吟味は、かれの場合、教育哲学の重要な仕事のひとつだとみなされている。ヘーアは「道徳言語が指令言語の一種であるという立場から、指令言語一般の論理的特性を明らかにし、これと道徳言語の特性と比較しつつ、道徳言語に深く鋭利な分析を加え」（訳者解説）ている。この道徳言語の論理的研究が、ヘーアの考える倫理学の仕事なのである。ブレツィンカもまた、教育学で用いられることばや概念が多義的で、曖昧であるとし、科学的な教育学の概念構成のためには、そのことばや概念の意味を厳密に分析しなければならないという。そういう予備的な研究作業の後に、教育学の厳密な概念の再構成がなされなければならない、と説く。以上のような研究姿勢・態度・方法は、教育哲学の研究分野においては、一般に分析哲学的立場ないしは方法とよばれている。

　ことばや概念を厳密に規定し、それに基づいて概念構成を行うことは、あらゆる学問の基本的前提である。ところが、教育学のことばや概念はその意味が十分明確に規定されないまま、曖昧に用いられているという批判がある。わたしが所属する学会の機関誌『教育哲学研究』第三二号に、宇佐美寛氏の「『教育哲学』のことば」という、内容のショッキングな提言が掲載された。それによると、『教育哲学研究』に載った論文の多くはつまらなくてわからないし、教育哲学の論文に値しない、というのである。宇佐美氏は実例をあげてそれを具体的に指摘したものだから、まな板にのせられた論文執筆者はもちろんのこと、それらを教育哲学のすぐれた論文として選定した編集委員会にも大きな衝撃をもたらした。

　ところで、宇佐美氏が論文の「つまらなさ」「わからなさ」の三つの特性としてあげたもののひとつは、「言語使用のありかたについての無関心、無自覚」ということである。論文執筆者は、主要概念でさえその内容を規定しないまま使用し、論述を行い、ひとりよがりの主張をしている、と実例をあげて批判している。そこで、氏はことばを正し整えることを、研究者の第一の任務とする。このことは、ことさら指摘されるまでもなく、研究者としては当然の任務なのである。しかし、教育学においてことばを正し整えるということは、考えられるほど単純なことではない。

　教育学において用いられる多くのことばや概念は、子どもや年少者に対する親や教師や大人たちの希望や期待や願い、よりよく育てようとする実践的課題、その課題を解決するための諸条件などから作り出された諸観念に彩られている。そこには、教育について語る人の世界観、人生観、道徳的信念、将来への期待や願望がこめられている。そのことばは、ある場合には単に事実をありのままに語り、その情報を相手に提供しようとする形態をとるであろう。またある場合には、そのことばは相手にある事態をうながし、ある願望を表明し、命令をだし、あることを推奨することにも用いられている。前者の場合、語られていることは、真実か否かのいずれかである。ことばがこのような機能(情報提供的機能)を果たすだけならば、ことばを正し整えることはそう困難なことではない。ところが後者の場合のようなことばの「命令的ないしは指令的機能」がからみあってくると、ことはそう単純ではなくなる。教育学のことばは、命令的ないしは指令的命題でもある。それは真実か誤りかという事実命題ではなく、善いか悪いかという価値命題である。

さらに、教育学のことばは相手にある一定の感情をよびおこすためにも用いられる。訓戒とか説教とか助言とかの際に用いられることばは、相手の感情に訴えて(もちろん、理性への訴えを前提としてのことであるが)望ましいと考えられた行動や態度をとらせようとする働きをもつ。この機能は、説得的機能とよばれる。

教育学のことばは、以上のように複雑な機能から成り立っている。それは、もともと教育者のことば、つまり親や教師や大人たちのことばに由来しているために、科学の言語というよりも日常語に近い。そのことは、換言すれば、教育学はいまだ科学ではなく、まだ科学のレベルにまで到達してなくて、常識のレベルで語られているということである。そこで、相互に論理的に結合され、そして多少とも正当に検証され得る法則仮説の体系を、科学的な教育の理論(教育科学)と考えるブレツィンカは、教育学のことばを「情報提供的機能」に限定せよと提案する。信念や思想や価値判断を教育学のことばに混入させてはならないというのである。宇佐美氏も、価値判断は学問の問題にはなりえないとして、教育哲学研究からすらもそれを排除しようとする。

しかし、ここで一つの疑問が残る。ことばを正し整えるということが、このように教育(学)のことばから信念や価値判断を排除することだとすれば、教育の目的・理想・価値といったものは一体どこで、どのように検討されるのであろうか。また、教育(学)はそれをどこから手に入れ、それの正当性・妥当性をどのように根拠づけるのであろうか、と。これは、教育学の科学的性格にかかわるきわめて難かしい問題である。

参考文献

1　教育哲学会編『教育哲学研究』第三二号、一九七五年。
2　シェフラー『教育のことば』（村井実監訳）東洋館出版社、一九八一年。
3　ブレツィンカ『教育科学の基礎概念』（小笠原他訳）黎明書房、一九八〇年。

第五章　教育における技術の問題

「技術」とはおよそ縁遠い世界にいるわたしに、所報『技術センター』への執筆依頼が舞いこんできた。編集子は何を期待されたか知らないが、求めに応じてわたしの立場から何か書こうとすると、やはりこういうテーマにならざるを得ない。

「教育と技術」というテーマは、「技術の教育」と「教育の技術」という二つの面からの取りあげかたが可能かと思う。前者、つまり技術教育論はわたしの任とするところではないので、後者の問題に限定して、いささか所見を述べてみることにしたい。

「教育が技術であるか」という問いは、教育学の学問的性格づけに取りくんだ二〇世紀初頭のドイツ教育学の中心テーマのひとつであった。教育的行為の綿密な分析にたって、「教育は技術ではない」とこの問いに対して否定的な態度をとったのは、当時ドイツ教育学の主流を形成しつつあった精神科学的教育学派の教育学者リットである。かれは、ユダヤの思想家マルティン・ブーバーの「我と汝」の関係と「我と物」の関係との鋭い区別を援用して、人間の人間に対する行為と人間の無機物・植物・動物に対する行為とを明確に区別した。

我の「物」に対する関係は、「主観」と「客観」との対立になる関係である。客観は、組織だった思惟の方法によって「認識」され、そしてこの認識に基づいて、かつそれに導びかれて、主観のたてた目的の要求するように、「細工」される存在である。認識が客観の性質や行動を、「法則」という形式で規定できた場合に、この目的は最も完全に達成される。それは、法則の認識によって一定の行為が客観におよぼす効果を確実に予測できるからである。そこで、この関係の最終的形態は「技術」という行為になる。

これに対して、我の「汝」に対する関係は、相互に全く対等な、いずれも相手を「認識的分析や目的的加工の客観」(対象)とすることのできない、そのような二つの存在間の関係である。そこでは、客観認識のかわりに、相手の立場を認め、相手の独自性をその身になって認めようとする「理解」が行なわれる。客観の加工ではなく、双方を互いに活気づけるように出会わせ、互いにその本質を発展させるような「交わり」が現れる。この交わりは、相手の人格的発展を助ける「影響」にまで高まることができる。

ところが、この「我と汝」の関係は「我と物」の関係に頽落する危険性をはらんでいる。つまり、人間の人間に対する関係は、認識され目的に従って加工される客観に対する関係に移しかえられる傾向がある。この倒錯の原因は、「我と汝」の関係を「我と物」の関係におきかえることによって、そこに多くの価値ある成果をえようとする誘惑にかられることにある。そのために、人々は人間をその性質と行動においてできるだけ正確に、最終的には法則の形式で規定しようとする「認識」を発展させ、その結果としてこの認識の「応用」に基づく人間加工の「技術」を発達させる。ここに技術としての教育、教育的行為の技術化が現れることになる。

この倒錯に最も強く異議を申し立てるものは、人間の人間に対する行為、わけても教育であるとリットは主張する。一般に技術的行為においては、主観は主観の設定した目的を実現するために、因果関係の洞察に基づいて客観を加工するのであって、その場合、目的は客観にとっていわば外から強いられたものである。技術的行為は主観の目的に奉仕する行為であって、客観のために奉仕する行為ではない。ところが、教育は相手に対して、かれ自身のために奉仕する行為である。教育は生きた汝との出会いのなかにその根底をもつ。相手である生徒は可能的な人格なのであり、これを「自由」「独立」「人格」へ向上させ、自己の存在に自ら責任をもつものへ高め発展させることが、教育の本来の任務である。

以上述べたことで、「教育は技術ではない」というリットの真意は了解できるのではあるまいか。この教育本質観をさらに徹底させていくと、それは実存主義的な教育観と教育様式を招来することになるであろう。

ところで、教育的行為は「技術」を全く拒絶するものであろうか。ここでまず問題になることは、「技術」という概念の意味内容である。『広辞苑』には、「技術」について次のような説明がある。

(1) 物事をたくみに行うわざ、技巧、技芸

(2) 科学を実地に応用して自然の事物を改変・加工し、人間生活に利用するわざ

日本語におけると同様に、ヨーロッパの言語においても、「技術」という言葉には二様の意味がある。(1)の意味には、art, Kunst が、(2)の意味には、technique, Technik がそれに相当しよう。両言語の源であるギリシャ語の techne、ラテン語の ars は、もともと純粋思弁的な知識や無意識の自然の力に対して、「わざ」とか「技能」とかの意味であった。たとえば、アリストテレスの『ニコマコス倫理学』においては、エピステーメ(学的知識)とテクネーとは区別されている。ところが、近代になってとりわけ自然科学と技術学の発達に伴って両者が結びつき、テクネーの本来的な意味が「人間が科学を応用して自然を征服する総体的手段としての技術」の意味に変わったものと思われる。リットの「技術」

概念がこの意味で用いられていることは明らかである。

さて、テクネーの本来の意味で、「教育は Kunst である」として、技術論としての教育学を構想したのは、シュライエルマッハーである。くだって、レーマンも「教育は Kunst である」と主張している。ここで、Kunst を単純に「技術」と訳してよいか。それとも「芸術」と訳したほうが適切であるか、迷うところである。Technik の意味での「技術」とは区別されなければならないが、しかし教育が芸術的行為と混同されてはならないのである。教育的行為には、芸術家の創作活動と類似した要素が多々あるにしても、厳密にいえば両者は区別されなければならない。

そこである人は、Kunst を技術とも芸術とも異なるという意味で、「術」あるいは「わざ」と訳した。「感覚的直観から明瞭な概念へ」という直観教授論を展開したペスタロッチにおいては、「直観の術」の解明は重要な位置をしめていた。ここで Kunst とは、単なる知識(科学)あるいは技術ではなく、「技量」(Können)なのである。

ところで、術の理論としての教育学の構想にもなお難点が残る。それは、新しい技術革新によって教育実践の諸困難を打開しつつある教育のテクノロジーをどう評価しどう対応するか、ということである。そこで問題は、術の理論を含めて技術論を、教育学全体のなかにどう位置づけるかということであろう。この問題の解決の糸口は、教育活動の成層的構造分析に見いだすことができると思うが、その論述と参考にした文献の列挙は、紙幅の制約上割愛しなければならない。

参考文献

1　リット『教育の根本問題』(石原鉄雄訳)明治図書、一九七一年。
2　前田博『教育本質論』朝倉書店、一九五八年。
3　岡本英明「ｔｅｃｈｎｅの学としての教育学」『長崎大学教育学部教育科学研究報告』第二七号、一九八〇年。

付論　大学の風景
——その今昔——

1 大学、このごろ

大学時代の同級生たちが、現在小・中学校や教育委員会などの要職にある。その人たちと色々な会合で会い、またときには飲む機会もあるが、少し酔いがまわってくると、同窓のよしみからか、教育大学出身の先生たちのことでお小言を頂戴することがある。母校に勤めているおまえたちは、大学で一体どんな指導をしているのか、と。いくらか反論はするものの、母校や後輩への思い入れかと、おとなしく拝聴することが多い。

そのひとつが、いわゆる「しつけ」に関することである。教育大学出身の最近の若い教師は礼儀を知らない、社会性が全く身についていない、というのである。大学でそういう面を厳しく指導してほしい、との強い要望である。大学は研究と教授の場であり、「しつけ」などというものは家庭や小・中学校で済ませておくべき事柄であると開きなおってみても、わたしどもを襲っている現実の事態が、そのことの切実感をかきたてる。

たとえば、授業時間中の学生の「私語」の多いこと。「ではいまから授業を始めますので、静かにしてください。はい、そこの人たち、話をやめてください」。まだ数人の学生が小声で話をしている。そこでやおら、少し皮肉っぽく「このようなことをいって授業をはじめるのは、小学校ぐらいのものだよ」と。他人の迷惑など、あまり考えないのである。ひところは、講義の内容が良くないのだろう、授業の仕方がまずいのだろう、と一人悩んだものだった。ところが、同僚に話してみると、それはわたしの場合だけでなく、多くの授業においてそのようであった。ある大学の先生などは同じような経験をされたのか、思いあまって学生の私語を研究の対象にし、『私語研究序説』という著書をまとめあげられた。

また最近大学構内で多くみかけるのが、歩きながらジュースを飲んだり、パンやお菓子を食べたりしている学生の姿である。「歩きながら飲んだり食べたりするのは、みっともない姿だよ」と注意すると、かれらは怪げんな顔をしている。授業中、飲みかけのジュース缶を机のうえにおいて平気である。

「大学は学問の蘊奥を究めるところ」とうそぶいていても始まらない。現実を直視して、小学校や中学校の道徳教育よろしく、基本的生活習慣の形成・定着を図ることが人格形成の基本と覚悟して、やがて教師になっていく学生たちに対して、自己確立のためにも、また将来子どもを教え導く者としての自覚をうながすためにも、二重の意味でこの面での指導が要請されそうである。

もうひとつ、それは教員採用試験の合格率の低さについてである。四年間も勉強していながら、短大出身の人に負けるとは何ごとぞ、というお叱りである。もっともなお小言である。年々合格率が低下している。この事態がますます進行していったら、大学自体の存亡にもかかわってくる。由々しき事態である。学生自身も頑張っているが、大学も厚生課の世話で教員採用模擬試験特別講座を課外で開いている。このような努力も、大勢からみれば焼け石に水のようである。抜本的な対策が必要であろう。

先日、この講座を担当した同僚と話したことである。どうも最近の学生は意欲に欠けるだけでなく、基礎・基本が身についていないようである、と。それは、内容だけでなく、方法や能力の面でも、たとえばいろいろなことを筋道だてて考えていく方法や能力、問題を多様な観点から分析したり、関連づけて解釈したりする力などである。

講座では、実試験に合わせて、○×、穴埋め式の問題を作成し、その解答を検討することにしているが、学生が関心をよせるのは、正解は何かということだけである。なぜそれが正解なのか、その正解を検証するためには、何を調べればよいか、そのことを特に強調してくわしく説明したのだが、あまり関心を示さなかったようである。

このような態勢は学生がこれまで受けてきた教育によって形づくられてきたものであろうが、このことが合格率低下のひとつの遠因になってはいないかと懸念する。もしそうだとすれば、それはまさにわれわれにとっての大学教育の課題とうけとめて、対応していくべき問題ではなかろうか。

2　三五年前の学芸大学——そして今

「昭和」の元号でかぞえると、今年は昭和七〇年にあたる。三五年前というとちょうどその中間の年、その年はわたしが福岡学芸大学を卒業した年である。そのころつけた日記をひもとくと、いろいろと思い悩んだなつかしい思い出がいっぱいある。末尾の出納簿など、今昔の感一入である。パン代一五円、牛乳代一〇円、映画代四〇円等々、ちなみにそのころの育英会奨学金は二〇〇〇円であった。

当時、学芸大学の本校は福岡市大橋にあり、いまは九州芸術工科大学のキャンパスに変容してしまっている。息子が在籍していたので一度訪ねていったことがあるが、むかしの面影は全くない。大学だけではなく、周辺の街そのものが大きく変貌をとげていた。一、二学年を各分校（福岡、小倉、久留米、田川）で過ごした学生たちが本校に集まってきたのであるが、特別の場合を除き他の分校出身者と親しくなることは少なかった。これは、わたしひとりの体験だったのかもしれないが。分校時代は小規模で家庭的な雰囲気をかもしだしていた。わたしが在籍した久留米分校小学校二年課程は、六七名で、男子学生は七名にすぎなかった。ちなみに四年課程は、その男女比が逆であった。女子学生が少なかったこと、二年課程に集中していたことには、色々なことを考えさせられた。全体的に、大学進学希望者が今日ほど多くなかったこともあるが、とりわけ女性の進学者がことのほか少なかったように思う。現在のように、多くの女性が高等教育を受けられるようになったことは大いに歓迎すべきことである。二年課程（短大相当）に女子学生が多かったことは、結婚の問題と関係があったのではないか、と思う。数年働いて結婚するには、当時の慣行から考えると、大学卒業ではその余裕がないと考えたのではないか。たずねたわけではないので、勝手な想像である。近年大学院進学等、女性の高学歴化に伴い結婚年齢が高くなってきている。また、生活の様式も変化し、生涯独身という形態を選ぶ人も多くなりつつある。隔世の感がある。

分校時代に比べると、本校は単純に考えても、学生数が四倍にふくれあがったことになる。いわば、大規模化したのである。人と人との関係が疎遠になっていくことは、やむをえないことかもしれない。ところが、現在の教育大学生は三〇〇〇有余である。同じ専攻でありながら、一つ学年が違うとよく知らないという珍現象すら生じている。大きいことは、決していいことではない。

むかしは希望すれば、誰でも教師になれたとよくいわれているが、すべての時代がそうだったわけではない。わたしが卒業した当時も就職状況は厳しかった。未就職の先輩などは、大学に集まって、自分たちで就職対策の運動や活動をしていた。一年や二年おくれて教師になった人は結構いたのである。わたしの場合は、一年ぐらいは就職できないものとあきらめて、家に帰り農家の手伝いをしながら待つことにしていた。幸い、わたしは年度当初に山間の小学校に決まったが、その年から導入された退職勧奨制度によってかなりの先生が退職し、その恩恵に浴してほとんどの友人たちが五月の採用人事で就職できたのである。

わたしが本学に勤めはじめた昭和四三年ごろも、近似した状況であった。エネルギー革命、産業構造の変化などにより、石炭産業は急に疲弊し、筑豊地方で就業していた人たちは他の地方へ移っていった。と同時に、子どもが急激に減少し、福岡県は過員の教師をかかえることになった。つまり、福岡県出身の学生が福岡県で就職できない状況が生まれたのである。当時、都市集中化の現象が進行していて、東京や横浜、名古屋や関西、近畿地方の大都市を希望すれば就職は可能だったので、今日の厳しさと比べようがないかも知れない。わたしの研究室の最初の学生たちで、県内に残ったのは三人で、ほとんど上記の諸都市の教師になっていった。

大学にはいることも大学をでていくことも、いま大変厳しい状況にある。めぐり合わせとしか、いいようがない。そうであるならば、いやそうであるからこそ、わたしたちは大学のなかにいることにもっと意を注ぎたいものである。

3　大学と附属学校園との連絡調整役

このたび、図らずも附属学校部長を命じられ、四月一日づけで就任いたしました。何分にも浅学非才の身ですので、どうかよろしくご指導ご援助のほどお願いいたします。

この『時報』をひもときますと、第四四八号を除いては、第四四五号の高橋附属福岡小学校長、滝附属小倉中学校長の就任あいさつに始まり、第四五三号の矢野前部長の「いじめ問題」への附属学校園の取りくみに関する記事に至るまで、附属学校園の紹介記事で満たされています。それらを通読しますと、今日附属学校園がおかれている状況と課題が明らかになってまいります。

大学はいま改革の嵐のなかにありますが、附属学校園とて例外ではありません。平成六年度の、文部省での「組織の廃止転換・再編成、教育体制の改善等」に関するヒヤリングで、「大学としては、附属学校の役割を再検討し、教育実習の充実、大学と三地区の附属学校との共同での実践研究の充実等をはかり、さまざまな児童生徒の問題行動に対応できる、実践力のある教員養成に尽力することとしております」と答えています。平成七年度のヒヤリングでは、本学に対して「学校現場で真に実践力を発揮できる教員の養成」が求められ、そのために県や市の教育委員会と十分連携して、学校現場からの要請をも踏まえたカリキュラムの改革や教育実習の改革が必要であるとの指摘を受けています。

附属学校が、初等・中等普通教育を施すことは、他の公・私立小学校と全く同じですが、附属小・中学校にはその他に大学と協力して児童生徒の教育に関する研究を行うこと、大学の計画に従い学生の教育実習の実施にあたるという使命があります。

研究面での大学と附属学校園との協力体制は、昭和四五年に大学・附属学校共同研究委員会が組織され、それ以来その下部組織である幼児教育研究部、初等教育研究部、中等教育研究部、障害児教育研究部がそれぞれの取りくみをしてきました。毎年六月には、附属小学校が週を追って恒例の研究発表会を開催しています。これには、初等研と障害児研とが協力します。九月には、中等研の研究発表会が予定されています。年度末には、幼児教育研究会主催の研究発表会があります。

ところで、附属学校園の設置目的である「大学における児童、生徒又は幼児の教育又は保育に関する研究に協力し、……」とは、どういうことでしょうか。まさか、大学の先生の全く個人的な研究の、あるいはグループで研究を行っていることの下請け作業を、附属学校園側に求めていることではありますまい。要は、附属学校園が協力すべき、大学における教員養成大学としての教育研究のあり方が問われているのではないか、と考えます。附属小倉小学校の有田副校長はこの事態を次のように受けとめています。「教員就職戦線に勝ち残れない大学生の養成の在り方、追い打ちをかけるような教員需要の減少など、教員養成大学の危機の中、附属の在り方を見直し、公教育の推進役としての実践研究を大学と連携しながら進めることが一段と大切になってきている。その中で、教師としての使命観をもち実践力をもった大学生の養成が可能になる」と。大学と附属学校とが連携を密にして、研究面でも実習面でも、この課題にいかに対処するか、このことが両者に求められていることになります。

目下、矢野前部長の取りくまれた全仕事を点検しながら、大学改革を射程にいれて附属学校園の課題について勉強しているところです。どうか、よろしくお願いいたします。

4　第三の波をのり越えて

一時「窓際族」ということばが流行りましたが、その「窓際」を越えて「縁側」に押しやられ、残された日々を指折り数えて待つ年代になってしまいました。そういうわたしに、また出番がまわってきたのです。定年を静かに迎えたいと考えておりましたわたしには、主事就任は晴天の霹靂でした。「第四部は最後まで働かせるんだね」とは他の部の親しい友人の言、そういわれれば、先の主事、持留先生も主事としての任務を終えられると同時に定年を迎えられました。妙な言い回しでこの文章を始めましたが、正直いって、選挙で選ばれたとき、お断りできるならば、という思いがなかばありました。附属学校部長から学科主任、そして学部主事と、役職が切れ目なく続くものですから、そのような思いに駆られていましたのも偽らざる気持ちなのです。

さて、今度の大学改革を、わたしは「第三の波」ととらえました。第一の波は、五〇年前の新制大学として発足したときです。そのときの記録を読みますと、なかなか大変だったようです。研究業績が少なかった先生方は師範学校から引き続き大学に残ることができなかったようです。いわゆるリストラです。第二の波は、昭和四一年この赤間の地に統合したときです。本校と四分校が統合して学科組織の再編成が行われ、教官配置の再配分が行われました。それを大学のカリキュラムと連動させたものだから、一部にはいびつな教育課程が編成されました。「人事とカリキュラムのドッキング」、このヒドラがその後わが大学を徘徊し、人々を疑心暗鬼にさせ悩ませました。第一の波も第二の波も、わたしたち大学人にとって大変厳しいものでありました。そして、今度の改革です。

第三の波は、大学改革委員会を中心に、関係者の並々ならぬ努力によって乗りきりました。基本理念と方策の具現化に向けて、いま着々とそれぞれの立場で諸努力が積み重ねられています。改革の基本理念を後退させないで、日常にそれをどうランディングさせるか、それが今後の課題であろうかと考えます。制度や組織の改編だけでなく、わたしたちの意識の変革も必要になってくるでしょう。しかしまだまだ、解決しなければならない多くの問題も積み残されています。

身近な問題をあげてみますと、各部の事務室が学部事務室に統合されたために、皆さんにいろいろな点で大変ご不便をおかけしていることです。このまえの改革委員会からのアンケートにも、たくさんの要望や改善点が指摘してありました。部制のあり方も含めて、よりよい部(会)の運営について考えていかなければと覚悟しています。大学改革の新しい出発から、もう四か月が過ぎました。いくらか戸惑いながらも、第四部の皆さんに支えられて何とか主事の仕事をこなして参りました。スムーズに議題の審議が進行していくときはほっとするものですが、継続審議になってしまったときなど、他の部の皆さんや事務局の皆さんにご迷惑をおかけしているのではないかと、その心痛は一通りのものではありません。安易に審議を進めることは問題でしょうが、まとめ役としてのわたしには、慎重に審議しながらもやはりスムーズにことが進んでほしいものです。

その点では、力強い助っ人がいてくれるので、大船に乗った安心感があります。青地さんと内徳さんです。青地さんは、今度の改革の生き字引、本当に助かります。

最初から、何か弱々しいことばかり書きつらねて参りましたが、しかし引き受けたからには皆さんのご期待に応えうるように努める所存でございます。よろしくご指導ご協力のほど、お願いいたします。

5　大学版「特色ある教育、特色ある学校づくり」

このタイトルは、平成一四年度から小・中・高校においていよいよ本格的に展開する新しい教育課程の改訂の基本方針のひとつである。第一に、豊かな人間性・社会性の育成、第二に、自ら学び自ら考える力の育成、第三に、基礎・基本の確実な定着、個性を生かす教育の充実がうたわれており、第四の特色ある学校づくりは、なにか新奇を衒うのではなく、この三つを踏まえたものでなければならないといわれている。

今回の教育課程改革の大きな目玉は、なんといっても「総合的な学習の時間」の新設であろう。それも小学校だけでなく、中学校にも高校にも設けられることになったのである。管見のかぎりでは、小学校はもとより中学校においても、ほとんどの学校で、その試行的な取りくみがなされている。この時間は、各教科、道徳、特別活動とは異なり、国際理解、情報、環境、福祉・健康などの学習活動の例示はあるものの、目標や内容については規定されておらず、各学校の創意・工夫に委ねられている。

ところで、各学校が創意工夫を生かして、「生きる力」を育む新しい学校教育を創造していくために、学校裁量の権限が拡大された。中教審答申「今後の地方教育行政の在り方について」(平成一〇年九月)には、「校長が、自らの教育理念や教育方針に基づき、各学校において地域の状況等に応じて、特色ある教育課程を編成するなど自主的・自律的な学校運営を行うことが必要である」と明記されている。これまで、教育委員会の指示や指導のもとに、各学校の教育課程が編成されていたが、これからは各学校に大幅に任されることになったのである。学校と教師の責任は一段と重くなってきている。

さてここでは、わたしたちが取りくんでいる「総合的な学習の時間」の大学版を紹介することにしよう。

ご存じのように、教員養成大学・学部学生の五〇〇〇人の定員削減計画により、わが大学も大幅な大学改組を行った。それと連動して、また教育職員免許法の改正に伴い、カリキュラムの大幅な改革も行った。これまでの学問中心のカリキュラムから、「実践的指導力の基礎」を培うための、これまで以上に教育実践にシフトしたカリキュラムへの転換である。実践場面では、講義中心の授業からゼミ・演習・実習形式の授業への転換といいかえてもよい。

全学生を対象にした必修の「教師入門」を学習した教育学領域の学生は、「子どもと学校理解の体験学」(一年次)「教育実践開発研究」(二年次)「教育実践課題研究」(三年次)を修め、卒業研究に着手する。

「体験学」の授業は、学校を初めとするさまざまな教育施設や教育活動の実際場面、あるいは学校以外の学習の場で学んでいる子どもたちについて、自分の目や体で「体験」しながら「理解」することを通して、将来教師として必要な資質・能力の基礎を育成することをねらったプログラムである。学生は、都会の学校や僻地校・小規模校だけでなく、少年院・少女苑、児童相談所、児童養護施設、朝鮮学校・民族学校等の実践、県警の街頭補導などを体験した。

「開発研究」は、すぐれた教育実践に接し、調査・分析することを通して、教育実践を研究・開発できる力量(実践を構想する力)を育成することをねらい、宗像地区の玄海小学校と河東中学校の全面的な協力体制のもとに編成した授業である。両学校との綿密な打ち合わせのもとに、小学校には二回、中学校には一回の学校見学・調査を実施し、またその前後には両学校長の講義を取りいれるなど、可能な限り多様な教育実践とのかかわりを準備した。そして教育実践の分析視点として、①学校の教育方針、研究テーマ、②学校、授業での児童・生徒の生活状況、③学校のシステム、施設・設備の三つを設定し、それぞれの観点から、教育実践とは何か、学校で何が問題とされ課題となっているか、を明らかにしようとした。

この授業は目下三人の授業者(私もその一人)による、いわゆるＴＴ方式で運営しているが、小・中学校で「指導から支援へ」という教師の姿勢が強調されているように、わたしたちもできるだけインストラクター（教授者）ではなくサポーター（支援者）、コーディネーター（調整者）役に徹しようと心がけてきた。わたしたちにも、上から教え導くという教授姿勢の意識変革が要請されているのである。

後学期では、前学期の授業を受けて、学生が「教育問題の研究方法」グループ、「教育実践の研究方法」グループ、「学校システムの研究方法」グループに分かれて、それぞれの課題を学問的に深めていくことにしている。

三年次の「課題研究」の授業は、学生がそれぞれの指導教官のもとに、卒業研究のテーマに関する基礎的な作業、卒業研究につながる研究方法論を学習する。そして、卒業研究に本格的にとりかかるのである。

このように述べてくると、およそこれまで抱かれていた大学教育のイメージが一変するのではないかと思う。大学もこのように様変わりしているのである。教員養成大学に求められている「実践的指導力の基礎」を培うために、教育学領域では前に述べたような独自のカリキュラムを編成し、指導にあたっている。実践的指導力は、小・中・高校の「生きる力」に相当しよう。そういう意味で、生きる力を育む「総合的な学習の時間」の大学版といったのである。

今度の新教育課程の実施には、学力低下という危惧の念が表明されているが、わたしたちは本当の意味での「学力」を、子どもたち一人ひとり（学生一人ひとり）につけてやらなければならないのである。学校の自由裁量権が拡大されたのだから、「学校の自主性・自律性の確立」のために、千歳一隅のチャンスと心得て、その権限を存分に生かしたいものである。

あとがき

本書は、平成一三年三月末日をもって、三三年間勤めた母校・福岡教育大学を定年退官するにあたり、これまで実践的な関心から、また多くは他からの要請に応じて書いてきたものを一書にまとめたものである。

私の主要な研究領域は、教育哲学と道徳教育である。もともとこの二つの領域と併せて、三部作を構想していたのであったが、道徳教育領域に関しては、同僚の堺正之先生のお世話で退官論集（林忠幸編『新世紀・道徳教育の創造』東信堂、平成一三年三月刊行予定）を編んでいただくことになったので、そちらにゆずることにした。また、教育哲学領域は、一応の整理はしたものの、不備なところが多々あり、さらに一層の彫琢《ちょうたく》をしていかなければならないと考え、後にまわすことにした。

さて、本書『体験的活動の理論と展開』は五部構成になっている。

第一部は、主題である「体験的活動」に関して理論的な検討をくわえたものである。平成元年度から、私は附属久留米小学校校長併任となった。研究課題はすでに前年度に検討され、「自己を豊かに創造する子どもを育てる学習指導」という研究テーマが設定されていた。このテーマにおけるキーワードは「体験的活動」ということばであった。当時の中央教育審議会答申、教育課程審議会答申においても、「自ら学ぶ意欲と社会の変化に主体的に対応できる能力」を育成するために、その方法として「体験的活動」や「問題解決的な学習」が強調されていた。附属小学校の研究同人とともに、経験、体験、体験的活動について喧々諤々《けんけんがくがく》の議論をしたのであった。ここに収めた所論はこのようにして生まれたものである。

第二部と第三部は、教科（生活科、社会科）と領域（道徳、特別活動）に関する論稿を収めている。生活科に関する論稿は、附属福岡小学校が文部省の教育課程研究開発校の委嘱をうけて、低学年の総合的学習のあり方について研究し、その総括として「生活科」を構想するにいたった。私は直接この研究にかかわってはいなかったが、求めに応じて寄稿したものである。社会科に関する四つの章は、福岡県社会科研究協議会の『会報』編集に携わったり、また筑後地区社会科研究協議会会長として実践や研究にかかわってきた際に書きしるしたものである。いずれも理論的な域をでないが、重要なポイントあるいは指針は示しているのではないかと思っている。

特別活動、とりわけ学級活動に関して、このような論稿を書くきっかけになったのは、筑後市立古川小学校の研究発表会での講演である。その講演をもとにして、『教育筑後』に、「学級経営の中核・基底をなす学級活動」という論文にまとめた。道徳教育に関しては、まえにふれたように、本書の姉妹編として退官論集が編まれることになっているので、その他の基本的な問題を扱ったものをここに収録している。また、福岡教育大学附属教育実践研究指導センター編『ハンドブック』シリーズに寄稿した「教材研究」「授業方法」「授業観察」「授業研究」の四つの論稿は、林忠幸、堺正之著『道徳授業ハンドブック』（福岡教育大学道徳教育研究会）に収めている。

第四部は、北九州市教育委員会の教育論文審査に携わったおり、研究のあり方、研究のまとめ方について書いたものと教育におけることばと技術の問題を扱ったものを収めた。特に、実践的な論文であっても、それが研究論文といわれるための原則を、投稿論文に即して具体的に論じたものである。

最後の付論は、私が勤めた大学の最近の状況についての報告である。世間では、大学生の学力問題で姦《かしま》しいが、それだけでなく、私たちからみれば、大学生の幼児化現象としかいえないような現象が現れているのである。この状況にどう対応していいか、私たちは苦慮している。と同時に、大学は厳寒の時代を迎えている。独立行政法人化問題と国家公務員定員削減と、二つの魚雷を脇腹にぶち込まれ、国立の教員養成大学・学部はいまや浮沈の瀬戸際にあるといったら、仰山過ぎるであろうか。大学の内部改革は必至である。

以上、本書の内容構成について簡単に述べてきたが、ここでいくつかのことについてお断りをしなければならない。一つは、各論稿に現れる内容の重複である。全体を再構成して内容の重複を避けるべきであったが、それぞれ独立した論であるためあえてここでは調整しなかった。繰り返し取りあげられるということは、ある意味で著者の思想内容の核心部分が最も基本的な姿でそこに現れていると考えていただいていいのではないかと思う。二つには、いくつかの章の論稿には、もともと引用箇所を明示していたのであるが、全体の統一をはかるために引用符を削除して、参考文献として一括してあげた。三つには、各論を本書に収録するにあたり、一部原題や内容を修正したものがある。煩瑣《はんさ》になるので一々明示はしなかった。四つには、学校名であれ個人名であれ、符号化しないで固有名詞で述べていることをお断りしたい。あるいは御迷惑をおかけすることになりはしないかと懸念している。どうかお許し願いたい。

本書の各論の執筆から刊行にいたるまで、実に多くの方々にお世話になった。厚くお礼を申しあげたい。特に、この出版を快く引き受けてくださった東信堂社長・下田勝司氏のいつにかわらぬ御厚情に深く感謝申しあげたい。

最後に、この書を昨年亡くなった父、そして母に捧げる私情をお許し願いたい。貧しいなかに、私のわがままを認め、研究者の道に進むことを許してくれたことを、心から感謝している。また、人生のパートナーとして、無事定年を迎えるまで、私の研究生活を支えてくれた妻・まちほに、この場をかりてねぎらいの気持ちを表しておきたい。

二〇〇一年年一月

林　忠　幸

初出一覧

第一部

第一章　体験的世界の教育学的構造（『教育実践研究』第七号、福岡教育大学附属教育実践研究指導センター、一九九九年）
第二章　経験と体験をめぐる断章（『研究発表会要録』福岡教育大学附属久留米小学校、一九八九・九〇・九一年）
第三章　体験・表現・理解（福岡県社会科研究協議会『会報』第二四号、一九八四年）

第二部

第一章　生活科と自立した生活主体の形成（福岡教育大学附属福岡小学校『感動体験を中核とした「生活科」の授業づくり』明治図書、一九八八年）
第二章　郷土を教材化する意義と視点（筑後地区社会科研究協議会編『私たちの郷土』光文館、一九九三年）
第三章　共生の視点にたつ社会科教育（福岡県社会科研究協議会『会報』第三九号、一九九九年）
第四章　社会認識と価値判断の問題（筑後地区社会科研究協議会編『研究のまとめ』一九九〇年）
第五章　社会科教育研究の二つの視点（福岡県社会科研究協議会『会報』第二八号、一九八七年）
第六章　みんなが生き生きと響きあう学級づくり（筑後市教育委員会編『教育筑後』第二三号、一九九三年）

第三部

第一章　道徳教育の基本問題（小笠原道雄編『道徳教育の理論と実践』福村出版、一九八五年）
第二章　道徳的実践力の育成（筑後市教育委員会編『教育筑後』第一六・一七号、一九八五年）
第三章　道徳的実践の指導（村田、大谷編『これからの道徳教育』東信堂、一九九二年）

第四章　道徳教育の授業設計と実践（丹野真智俊編著『教師のための新しい教育実践』北大路書房、一九九二年）
第五章　道徳の授業構成のための視点
一節　感謝する心（教職研修増刊号『「豊かな人間性・社会性」全課題徹底理解』教育開発研究所、一九九八年）
尊敬する心、郷土を愛する心（押谷、宮川編『道徳・特別活動重要用語三〇〇の基礎知識』明治図書、二〇〇〇年）
二節　道徳資料を読む――「絵はがきと切手」（『道徳と特別活動』第一四号、文溪堂、一九九七年）
三節　地域の人材を生かした道徳の授業（『道徳と特別活動』第一五号、文溪堂、一九九九年）

第四部

第一章　論文審査の裏窓から（北九州市教育委員会研究広報機関誌『教育創造』一九八八年）
第二章　教育論文に挑戦する若き友人へ（北九州市教育委員会研究広報機関誌『教育創造』一九八九年）
第三章　教育と研究、そして論文作成（北九州市教育委員会研究広報機関誌『教育創造』一九九〇年）
第四章　教育研究におけることばの問題（福岡教育大学図書館報『ひろば』第七一・七二合併号、一九八四年）
第五章　教育における技術の問題（福岡教育大学技術センター所報、第二三号、一九八六年）

付　論

1　大学、このごろ（『後援会だより』第二九号、福岡教育大学後援会、一九九四年）
2　三五年前の学芸大学――そして今（『後援会だより』第三二号、福岡教育大学後援会、一九九五年）
3　大学と附属学校との連絡調整役（『時報』第四五六号、福岡教育大学、一九九六年）
4　第三の波をのり越えて（『時報』第四九三号、福岡教育大学、一九九九年）
5　大学版「特色ある教育、特色ある学校づくり」（福岡県社会科研究協議会『会報』第四一号、二〇〇〇年）

著者略歴

林　忠幸（はやし　ただゆき）

1937年　福岡県に生まれる。
1968年　広島大学大学院教育学研究科博士課程満期退学。
1978年　ドイツ・マールブルク大学留学。
現　在　福岡教育大学教授・学部主事、教育哲学会理事、
　　　　日本道徳教育方法学会理事、福岡県社会科研究協議会筑後地区会長
専　攻　教育哲学、道徳教育
編著書　『現代のドイツ教育哲学』（共著・玉川大学出版部）、『教育哲学』（共著・東信堂）、『近代教育思想の展開』（共編著・福村出版）、『これからの道徳教育』（共著・東信堂）、『道徳教育の基礎と展開』（共編著・コレール社）。
訳　書　ブレツィンカ『教育科学の基礎概念』（共訳・黎明書房）、ノール『ドイツ精神史』（共訳・玉川大学出版部）、その他多数。

体験的活動の理論と展開——「生きる力」を育む教育実践のために

2001年3月10日　　初 版　第1刷発行　　〔検印省略〕

*定価はカバーに表示してあります

著者©林　忠幸／発行者　下田勝司　　印刷・製本　中央精版印刷

東京都文京区向丘1-5-1　振替00110-6-37828
〒113-0023　TEL (03) 3818-5521　FAX (03) 3818-5514
E-Mail　tk203444@fsinet.or.jp

発行所
株式会社 東信堂

Published by TOSHINDO PUBLISHING CO., LTD.
1-5-1, Mukougaoka, Bunkyo-ku, Tokyo, 113-0023, Japan

ISBN4-88713-389-8　C3037　¥2381E